日常语言是一只家禽,写作就是要把它重新变回野种。

——鲍德里亚

空耳集

黄集伟 著

南京大学出版社

图书在版编目(CIP)数据

空耳集 / 黄集伟著. —南京：南京大学出版社，2022.4
 ISBN 978-7-305-25165-8

Ⅰ.①空… Ⅱ.①黄… Ⅲ.①现代汉语—词汇—研究 Ⅳ.①H136

中国版本图书馆 CIP 数据核字(2021)第 236269 号

出版发行	南京大学出版社
社　　址	南京市汉口路22号　　邮　编 210093
出 版 人	金鑫荣
书　　名	**空耳集**
著　　者	黄集伟
责任编辑	陈　卓
书籍设计	周伟伟
照　　排	南京紫藤制版印务中心
印　　刷	南京爱德印刷有限公司
开　　本	710×1000　1/32　印张 10　字数 130 千
版　　次	2022 年 4 月第 1 版　2022 年 4 月第 1 次印刷
ISBN 978-7-305-25165-8	
定　　价	58.00 元

电子邮箱	Press@NjupCo.com
网　　址	http://www.njupco.com
官方微博	http://weibo.com/njupco
官方微信	njupress
销售咨询	025-83594756

版权所有，侵权必究
凡购买南大版图书，如有印装质量问题，请与所购图书销售部门联系调换

目录

辑一　001—050

辑二　051—100

辑三　101—150

后记

辑一

迷恋是一种吞食。

——杜拉斯

001

"前程四紧"算改良词,旧瓶装新酒,瓶子旧,意思新。"四紧"(手头紧、眉头紧、时间紧、衣服紧)的归纳虽无逻辑,可钱少、时间少,全民皆然。挣俩花仨,手头紧;好事儿不多,破事儿一堆,眉头紧;早上起不来,晚上睡不着,时间紧……当张三李四王五赵六人人皆"紧",一个新词的流行就已具备了传播温床——语义幅宽如此辽阔,一词既出,妇孺皆知。

当然,北京市朝阳区市民王先生的"眉头紧",不是《林教头风雪山神庙》里那一阵紧似一阵的鹅毛大雪;被上海徐家汇高房价惊得屁滚尿流的张先生的"手头紧",跟茅盾小说《林家铺子》里林老板的心头一紧,也不是一回事儿——这些"貌合神离"的"紧",最能让语文爱好者慨叹无穷:暧昧是暧昧的通行证,高度文学化的中文朦胧复朦胧,混沌复混沌,魅惑复魅惑。

在网络传播中,"前程四紧"常跟"四大皆空"组合成句,变成"四大皆空,前程四紧",构成一种虚无、绝望、诡异的文案景观。其中比较暧昧的是"衣紧"——因宅而肥?因肥而(衣带渐)窄?手头紧、眉头紧、时间紧而无心添置新衣?既宅且肥、既穷且困、百"紧"环绕?都可能,都难捱。

可见中文的"文学化",简单讲,就是"暧昧",它是理解中文"文学化"属性的快捷键,是走近中文"高语境"特质的快车道。"从前的锁也好看/钥匙精美有样子/你锁了/人家就懂了"……木心短诗《从前慢》末尾的那个"锁"字固然暧昧,可那个"懂",其实更暧昧——你以为你以为的"懂",真是"锁"的梦想和希冀?

002

有人疑惑某宝热卖"狗语翻译器",网上一位达人回答得干脆利落:扯。那为什么还有好多人花钱下单?答者说:贩卖者很懂铲屎官心理。"狗语翻译器"之类,就是个玩具,别当真——

"实验表明,狗虽然足够聪明到能听懂一些词,但也仅限于一些名词(还是相当聪明、受过训练的狗),而且狗无法理解抽象的概念。在实验中,你让狗把袜子拿来,把网球拿来,把乒乓球拿来,它都能做得很好,但如果你让狗去把圆的东西拿来,它就歇菜了。"

"狗语翻译器"之类黑科技的意外启发,是它能由狗及人,生发联想——那些鸡对鸭讲的人际沟通,其实更需要"翻译"——尽管都说中文,都说普通话,可听不懂的、听不明白的、自以为听懂其实根本没听懂的,在在皆是……若真有一部"人语翻译器",把中文翻成中文,岂不快哉?

003

"近二十年潮汕地区主流价值观"这个题目,要是写论文,怎么也得三五千字吧?可饭友夜骸用了一个顺口溜就说清楚了:"读书无浪用,挣钱靠活头。掠马上等好,拜神孬就头。"

这则顺口溜统共 20 个字,可不懂潮汕话,理解就疙疙瘩瘩,捋不顺。这种状况,即学者常说的外地人与当地人的语言冲突。对当地人而言,方言为"默示知识",别说 20 个字,200 个字、2000 个字,闭着眼睛也都懂。正如研究者所述:当地人理解本族语言构建方式、功用功能的直觉,基本就是无意识(《现代语言学词典》,353 页)……所谓"秒懂",大概就这意思。

解铃还须系铃人——那则方言密布的顺口溜,夜骸只能一字一注:无浪用:没用;活头:头脑灵活;掠马:买地下六合彩;就头:随便……注释果然助力传播,没有把中文翻成中文的"译","默示知识"大概只能一直"默"下去。

004

语言研究者常以"语义饱和"解释"为什么一个字看多了会觉得越来越不像"。这种现象日常生活中也有——家里的厨具、餐具日复一日天天用,习焉不察,偶尔凝视那锅、那碗、那调羹,也多狐疑——这堆劳什子真是咱家的吗?

"语义饱和"外,这类久视生疑的体验,也是一种"语义流失"——因为久违,因为忽略,因为久不端详,有意无意,隔离漫长,彼此便生疏了,隔膜了。

"流失"带来的,即所谓语义疏远,就像收藏柜里那只时长刚过半百的搪瓷口杯,心郁郁之忧思兮,独永叹乎增伤。

005

网络词"宝宝"曾被《咬文嚼字》编辑部评选为2015年十大流行语,排位居四。多年过去,被我断言"命不久远"的这位"宝宝",安好如初,热度依旧。双十一凑热闹,到淘宝店买书发现,不可一世的网络人称代词"亲"仍居霸主之位,改用"宝宝"之谓的店家,也为数可观。我不过抱怨了一句"快递慢死牛",店小二便甩出了包含五个表情包的安慰句:"宝宝不急哈,书要慢慢来"……你才宝宝呢!你们全家都是宝宝!

"宝宝"入选十大,编辑部给出的入选描述说:"'宝宝'语出网络潮语'吓死宝宝了'。'宝宝'指'我','吓死宝宝了'就是'吓死我了'。女生受到惊吓时常用此语来卖萌。后来'宝宝'独立单用,只要说话氛围协调,几乎在任何语境中,女生都可用'宝宝'或'本宝宝'来称呼自己,如'乐死宝宝了''笑死宝宝了''本宝宝这厢有礼了''本宝宝拜托了',等等。"

这段描述简明确切,不过,其中对"宝宝"的性别限定未必妥当。这些年,不仅"宝宝"的性别惯性已少分别,其年龄规定也几近名存实亡——和那家专卖打折书的店小二一样,连我这种老人家也一并被"宝宝"了。一句话,"宝宝"早已不再是少女专属:既然有"45岁资深少女""85岁典藏美女",既然有满脸胡茬的"少女系男生",多出个把年逾七旬的"宝宝",不妨事。

"宝宝"正在成为网络"第一人称代词",尤其在自媒体语境。

大概也只有"天线宝宝"(1997)"奥运宝宝"(2008)还算符合"宝宝"原词的语义(对小孩的爱称)。现如今,"宝宝"语用更多仰仗"非语言语境"(言说的对象、场合、内容)。简单讲,在亲昵、熟人等语境,以"宝宝"自称或他称,基本安全;但在社交场域张嘴"宝宝"闭嘴"宝宝",会有尴尬,至少唐突。

考证"芭比娃娃"和"布娃娃"的生成,学者张志春先生发现,芭比娃娃和布娃娃均属儿童假扮类游戏道具,可它们的意象类属差异较大。芭比娃娃属青春意象,布娃娃属婴儿意象。"芭比娃娃是戏仿文化顺势思维的意象浮现",而"布娃娃则是中国文化逆向思维的义项反弹"(《西北方言与民俗研究论丛》,中国社会科学出版社,2004,371页)。"任何文化现象

都是我们本质力量的对象化,都是现实的投影,芭比是我们自己,布娃娃也是我们自己。"(373页)

张先生的这个发现提示我们,尽管尚未出现人人自称"宝宝"的状况,所谓"宝宝"也并非芭比娃娃、布娃娃那类有故事有历史的物质存在,可它的持续流行,值得思量或讨论——它是独生子女一代孤单童年的称谓性代偿?它是日益风靡的自恋文化的配套细节?都有可能。甚至就连那则网络段子(一同事有口头禅滚犊子,被人批粗俗,几日后改口:翻滚吧,牛宝宝)里的"牛宝宝"都有自清功能。当"滚犊子"变身"牛宝宝",东北腔弱了,清洁度高了。

"生活级防水"是个模糊概念,假如有人打破砂锅问到底,文案撰写者会说,真把"IPX标准"等专业术语写进文案扔给你,听得懂?

这个搪塞很妙,"防水等级"这类特别专业的术语,大部分消费者确实搞不懂,可就在这个几无解决之道的"懵懂"里,藏着商机。

同理,发质养护广告文案常见短语"深层护理"、皮肤保养广告文案常见短语"深层补水",也是一样的模糊——一种心机深重的语焉不详。

原本印在膨化食品包装袋底部的是"食用期限"四个字,后或被改为"建议食用日期",或被改为"此日期前食用为佳",这种字斟句酌的鸡贼,大众很难察觉到。

这类含混,就是一种出于商业谋略的障眼法语文,"除了语言的倒退之外,也是奸诈之词"……而此前内地使用多年的"保质期"三个字,"难得用字简洁,既有承诺保证,也合科学精神"(陈云,《执正中文》,香港天窗出版,302页)。

语言也有保质期,语言也需要有检视"保质期"的行家——就像陈云先生——戳破语言迷障,构建清明话风。

007

热词"夺笋啊"是俗语"多损啊"的口音记字版,佯谬,浮夸。刻意将"多损"写成"夺笋",一为强调,一为逗趣。不过,相比语音版原创(迷人的郭老师)呈现的抓马浮夸,文字版的"夺笋"仍嫌逊色——它基本不能传递梗主慨叹人世凉薄时独特声线传递的暧昧:是鄙视,是活久见,是嘲弄,是讥刺,是TNND,是"咋这样啊",还是——闹了半天,您们全像"倒瓤儿的冬瓜——一肚子坏水!"

008

不去修车啥的,说到"备胎",很少有人会想到这个熟词的基础义项(备用轮胎),而是直接想到引申义项:感情备胎。以语义顺序论,"备用轮胎"在先,"感情备胎"在后,可二级语义篡位成功也是事实,初始语义降格为备用语义也越来越常见……果然,世事无常。

更闹心的,是"备胎"成了"系列",并很快分出三六九等,其鄙视链的形成甚至遵从初始逻辑——始终跟"后备厢"不离不弃。最终,成为备胎的备胎的,是"千斤顶",意思是,有比你(我)更好的备胎时,你(我)顺势降级为"千斤顶"——在换备胎时暂时顶替一下下……果然,人生无常。

再后来,"感情备胎"改良、移植、繁衍,饭局备胎、酒局备胎、接班人备胎,雨后春笋,此起彼伏。这类跨界"备"系列的衍生和涌现,撕破了诸如"当枪使""备选梯队"之类的人际委婉(虚伪),寥寥数语,道明现代人际关系的粗粝、残酷……果然,命途无常。

给"备胎"义项添加啥建设性评估,将"储备职业"之类拉来充数,勉强可行——用最具弹性的广义"备胎"拯救地位卑微的狭义"备胎"。文玩太贵,练字吧;书法太丑,画简笔画吧。如是"置换"当然不过自我安慰,可总好过自甘堕落……果然,万念无常。

009

历史语言学里的"词义贬化"概念也叫"词义恶化"(《现代语言学词典》,105页),它描述语义演变的顺逆或正反:忽而昨是今非,忽而今非昨是,忽而今非昔比,翻云覆雨,都可能。

比方说,初始语义也许不过是个良性囊肿,没想三五年过去,囊肿长成毒瘤,自正而反,原本清白中性,却逐渐被贬义主导,贬得令人瞠目。汉语熟词中,"小姐""炒作""妇女""大妈"等语词,都经历或正在经历这样的恶化之旅。

与"词义贬化"对应的是"词义改良",它描述的是一个语词的词义自贬而褒,如"老板""奇葩""卖萌"等语词,就逆袭得跟中国好声音的歌手似的。

"词义改良"也是历史语言学中的一个概念,它描述的是语词在语用长河里逐渐失去原有贬损含义的过程(《现代语言学词典》,18页)。贬义如梦,一梦醒来,语义全新。

010

《普通话和北京话》(林焘著,语文出版社,1999)是"百种语文小丛书"里的一种,书脊薄到可忽略,像当年有些印刷厂用纸边儿印成的电话号码本,比了比,它比 iPhone6P 还薄 1/4。

慢慢翻,一上午翻完,很有成就感。一本书有趣没趣、有料没料,与其形制、体量乃至字数无关,很多自称巨制的作品,也就半张 A4 纸的含金量。

完全没有理论腔——硬要作比,这本小书像数学书课后习题里的附加应用题——题例清晰,示范平易,解说浅白。很多北京话并未收入普通话,可在实际交流中,大家都懂。"例如'甭'(不用)'旮旯'(角落)'今儿个'(今天)'瞅见'(看见)"……而有些细微差异,用例句解释,更清晰——"甭"和"不用"意思差不多,可把"孩子这么闹你甭想清静"说成"孩子这么闹你不用想清静",除语感迥异,情绪波动的强度也差了好些,一个"甭",多烈呢;就像"躲墙旮旯抽烟"跟"躲墙角里抽烟",意思差不多,可就语感论,前者才更胡同。

完全没有学术腔——硬要作比,这本小书像语文书课后习题里的附加小故事——故事多趣,示例日常,道理清白。"(老北京)父亲的称呼当时竟有三种之多,'父曰爹,又曰别(平声),又曰大',其中'爹'大约是当时北京话原有的,'别'来自江淮一带,'大'可能来自山西。"旧时的北京曾从山西涌入恁多北漂?

完全没有优越感——硬要作比,这本小书像物理书课后习题里的附加图文题——图文并置,举例说明,清清爽爽。"到了清代,两种方言在北京汇合,一在内城,一在外城,相互之间差别本来就不大,就逐渐融为一体,成为现代的北京话。"原来,语言的流动性总会打破地理居住的局限性,是规律,也是铁律。

完全没有惜别、惜亡或哪怕一丢丢伤感。尽管很多北京话并未成为普通话,比如"末了儿",比如"老爷儿",比如"二乎",比如"不待见",比如"捏咕";可"不被收编"才是作为一种方言的幸运吧。

011

2014年,作家冯唐在很多演讲中提到"不要脸"三个字。好事者发现,冯的偶像是曾国藩,在冯眼里,曾国藩勤谨蛮狠、耕读无数,堪称楷模。爱屋及乌,从曾国藩"读书、明理、做事、不要钱、不怕死"的箴言中,冯唐衍化出此后被称之为"冯氏座右铭":"不着急、不害怕,不要脸。"

阅历、才智不同,对"不要脸"的理解难免相距霄壤。2001年,艺人陶晶莹在自己的CD专辑中收入的那首《不要脸》,猛一听,浑不懔,蛮毒狠,仔细琢磨才发现,对北方语境中的接受者来讲,那歌词的热辣,其实很虚,甚至清淡,像粤菜。最终,陶晶莹念唱出的"不要脸",阴软有余,霸悍欠奉,本该咬牙切齿地狠,变成了柔光十足的撒娇。

是因为接受者对"脸"的理解千差万别吧：在脸皮儿薄的人看来，"不要脸"已然豁出去了，可在脸皮儿厚的老司机眼里，"不要脸"也就家常便饭，而在那些特立独行者眼中，"不要脸"不过是行事张狂、独往独来、奋不顾身扯掉刻板印象的一种比喻：我就是我，干嘛要挂一张你喜欢的"脸"？

2007年，作家叶倾城出版随笔集《不要脸，要趁早》，书里大部分文字温情款款，也就用作书名的那篇尖锐犀利："年轻不是罪，恃年轻任意而为，便是了。是谁说的，不要脸，也要趁早。"叶笔下的"不要脸"也许只是她的一种自我期许——在叶的延展中，张爱玲"出名要趁早"的耸人听闻忽然彰显透彻——再端着自己那张脸顾影自怜，出名大事就黄了。

研究者发现,在安妮宝贝《告别薇安》等早期作品里,有三种符号频繁出现:棉布裙,球鞋,句号。这判断咋来的,不清楚,可作家风格意象的这个捕捉,还算靠谱。

研究者指出,就使用频次而言,逗号第一,句号第二,至少中文如此。有例外的是朝文,据说,朝鲜语书面表达,句号用量大于逗号。这种跟中文常常出现的"一逗到底"近似,变成"一句到底",读起来会不会十分卡顿?

耳鬓厮磨,日积月累,写作者或许会对"句号""逗号"之类日久生情,养成自我个性的小趣味、小偏好。比如,我就觉得,逗号宛如欣悦开朗之人,句号好比谨言慎行之人;逗号大大咧咧,句号矜持稳重;逗号随性而为,句号端庄俨然;逗号无可无不可,句号小葱拌豆腐……如此种种,很个人,无理据。

研究者认为,"逗号"对于西文而言,貌似不是很重要。学者葛楚德·史泰银认为:"逗号的作用只不过是为了让你读一篇你所喜欢的文章容易一些,而如果你真的喜欢那篇文章,不用逗号读起来也够容易的。"(2012,译言网)这个判断我喜欢,一个小逗号,犯不上过度诠释。

自打毒舌一位朋友一辈子活成了一个副词后(张嘴"其实"闭嘴"其实",不用"其实"不会说话),我偶尔也会反躬自省:你的一生活成了什么?

想来想去,这辈子活下来,大概也就像个逗号吧,有时有点用,有时没什么用;偶尔有用,也不重要,或不很重要。

"信息茧房"概念最早由哈佛大学法学院教授凯斯·桑斯坦提出。2006年,他在《信息乌托邦——众人如何生产知识》一书中以"茧房"为喻,比拟身处信息洪流中的芸芸众生的信息选择——有挑选有偏好地编织自己希望看见的各种信息,在安全前提下获得愉悦。"茧房"不大,宛如天堂。

"信息茧房"跟"信息孤岛"不太一样——"信息孤岛"描述的是基于信息不对称的共享缺损;"信息茧房"描述的是一种刻意的信息不对称——一种基于选择性无视、选择性忽略、选择性拒绝乃至选择性指鹿为马的"信息共享缺损"。

2010年,《牛津英语词典》收入外来词"蛰居族"(hikikomori),

描述"严重缺乏社交"人群的生存状态。据此,2013年出现"茧居男"一词,这个概念描述的也是严重缺乏社交的族群,但跟几年前认定他们患有"退缩性精神疾病"不同,"茧居男"中就有我们身边的普通人。

2013年,BBC记者威廉·克莱默和克劳迪娅·哈蒙德合作,完成了一则有关日本"茧居男"的调研,在对创伤源、隐蔽诱因等节点调研后发现,"茧居男"既非"宅男",亦非日本独有,而是具有普遍性的一种精神症候,这种似病非病、非病似病的精神状况日益普及和蔓延。

从语文层面看,更令人好奇的是还有多少人能对"茧"这一喻体感同身受——对90后、00后而言,采桑、养蚕种种,陌生,遥远,"春蚕到死丝方尽"之类大概也帮不上什么忙,蚕茧、蚕房能成为满足好奇的起点吗?还会有人沿着好奇,重返"雉雊麦苗秀,蚕眠桑叶稀"(王维《渭川田家》)的古朴吗?

按语义内涵排序,"槽值"(2015)一词大致位居"吐槽"之后,意为"可供吐槽指数"。"槽值爆表不吐不快""槽值爆表你先来感受下"等诸多"槽值系列"相继涌现。这些玩笑浮夸张扬,将无法量化的"槽值""指数"之类强行量化,他黑、自黑、群嘲、自嘲,一勺烩。我有"欠抽指数"(2008),你有"寂寞指数"(2012),她有"养眼指数"(2012),刮风下雨有"穿衣指数"(2013),逢年过节有"燃放指数"(2013)。说完就完,一笑了之。

"每天早上,看见天气预报里那些喋喋不休的'洗车指数''晨练指数'之类,谁不头大?你管我穿薄棉服还是厚棉服穿丝质睡衣还是棉质睡衣呢?你忘发'遛狗指数'了我家京巴会憋死?"前面这段话是2010年我在微博上吐的槽,多年过去,"槽值"过低,至今无人回应。

015

"'最优质交友配对服务'……靠,我就不相信写这文案的人没有在心里把这句话简称一下!"

上面这段,是台湾出版人老猫发到社交媒体上的一则玩笑,它跟语言研究者常常讨论的"潜在歧义"有点关系。

造句者有意无意制造歧义,使用者不知不觉脑补歧义、延展歧义……语文的好多麻烦都源自歧义,神妙也是。

有关"结构性歧义",学者冯志伟说,"喜欢干净的小孩"这句话,既可以理解为"喜欢某个干净的小孩"(述宾结构),也可以理解为"某一个喜欢干净的小孩"(定中结构)……两个解释,你偏向哪个?

这两种"干净"还证明,诸如"咬死了猎人的狗"之类的结构性歧义硬硬邦邦,实实在在,不想面对,也得面对;而诸如"这个孩子谁都看不起"之类的联想式歧义则柔软Q弹,一俟复原语境,歧义立消。

"语言酷爱歧义,它们热烈地追求着歧义,就像小狗一样,在歧义的草地上打着滚。"学者杰弗里·普勒姆的这个比喻句也像只小狗,顽皮,任性,有画面……京巴还是边牧?

016

"充气群众"(The Inflatable Crowd)是美国加州一家电影人偶特技公司的重点产品,从成人语文的"充气娃娃"到影视服务的"充气群众",理解起来很平顺,这大概就是语言学所谓"互通性原则"吧——那种可以让接受者由彼及此的命名,就是好命名(《现代语言学词典》,234页)。语文世界很多"衍生词"有意无意都在遵循互通性原则,知道"充气娃娃","充气群众"就能猜个八九不离十。

"充气群众"又称"充气玩偶",主要用于影视制作时大规模群众场景的拍摄。凡有人头攒动、万人集聚的场景需求,"充气群众"可瞬间完成"滥竽充数"的光荣使命。无须兴师动众,无须募集男女老少,无须发盒饭、发夜戏补助、发防暑降温之人丹驱蚊剂清凉油,只要出钱到位,委托人偶特技公司按剧情需要制作合适数量的"充气群众",费用可控,调度随意。就算导演现场忽发奇想,非要在最近的"远景"里添加一位身着紫色毛衣下搭休闲花裤的变态大叔,OK,包你说吃就端。

杜甫五言古诗《望岳》,家喻户晓,妇孺皆知,可这首想象飞动、气势恢宏的名作,得益于"卧游"而非亲历。它是"望"的想象而非"游"的纪实。它有点像后疫情时代所谓的"虚拟旅游",不仅假得跟真的一样,还贮满可互通可换喻的各种"定语"……世界这么大,群众需求多,实在没招儿订制一批充气的,齐活儿。

017

"恨嫁"一词自带古早气,那点小心思清明透彻,那个大大的"恨"字稍嫌夸张。不过,敢言想嫁、直言渴嫁、放言恨嫁,对身陷唯女人与小人难养语境中的女性而言,很难得。

今时大龄剩女心态繁复如一部二十四史,斑斓如一江春水向东,但在渴婚、恐婚的夹击下,描画熟女心态的语文,少细腻周到,多极化表述。

有"恐婚恐育",有"拎包待嫁",有"丁克一族",有"立等可娶"……如许极化,怕正是认知极化的投射。

誓言放弃的口嗨背后,不就是无奈吗?放言闪婚的玩笑背后,藏着这样那样的惶惑……无奈很无助,惶惑很犹豫,并非硬邦邦的极端。

励志金句"成为更好的自己"广为人知。忽而反鸡汤盛行,被黑被讽被揶揄,情况不妙。

"成为更好"的槽点是无法量化,什么叫"更好"?有房有车?前任女友仨现任女友俩?弹性太大的"更好",虽可随心所欲自由定义,可别人翻白眼,也无法阻挡。

没想到,某名人出面"挽尊"(网络熟词,原意是挽救楼主尊严,引申为改变局面)——"奇葩说"某一期,他用三个定语,框定原本自由且虚无的"更好":一是"纯良",一是"诚恳",一是"磊落"。这位名人的框定估计也会有人翻白眼,不过,用几个不同的定语、从不同角度框定"更好",还蛮好,不然,所谓"更好",会像一锅混沌热粥,没抓手,没法喝。

与这位名人多维度定义"更好"不同,学者武志红索性重新排列原句结构——在那本描述巨婴社会浮生万象的书里,他说:"生命是为了更好地成为自己,而不是成为更好的自己,因为,你自己本身就是最好的。"

武志红的"重组"并非无懈可击,不过,一经"重组","更好地成为自己"打开了一个心理建设的新思路:"成为更好的自己"的 Bug 是还没怎么着呢就先默认了自己不够好;而"更好地成为自己"则预设、自信自己一直很"好",从原点出发,走向一个又一个"更好"。

从"成为更好的自己",到"更好地成为自己",看上去不过是词序的挪移,却传递出迥异的自我观、生活观乃至世界观。要"成为更好的"或"更好地成为",当然各有艰险,可无论怎样,先将"更好"具象化、细节化,才更靠谱。

019

年少轻狂,到处炫耀自己能写长达27个字的定语时,我好不懂事。上了些年岁才明白,用更少的字词作定语,更难,更酷。"省级美人"(2007)、"通州吴彦祖"(2011),鲜活多趣;"人脉存折"(2008)、"道德时装"(2007)、"情绪文盲"(2011),睿智迷你;"齿商"(2007)、"腰龄"(2007),心机重重……"腰龄"还说得过去,生愣愣造个"齿商",以为天下买家都傻?

020

文艺青年尤其是文艺女青年是不是擅长自黑才更文艺不知道,可至少更酷是一定的。

"朋友们介绍了好几个/有车子房子和孩子的/他们说你该找个有钱的/让他赞助你搞创作/可是大款都不喜欢她/他们只想娶会做饭的/不会做饭的女青年只能去当第三者/不会做饭的文艺女青年/只能被他们潜规则/奶奶奶奶奶奶的"

上面这段歌词出自邵夷贝《大龄文艺女青年之歌》,自嘲满格,自虐未满,虚构杂糅非虚构,戏谑混合戏仿——在用滤镜美化粗鄙、用浪漫装点残酷已成默认文风的犬儒语境里,这不多见的诚恳,极富远见。

这段歌词里的尴尬很朴素,困惑很细节,进退失据很自恰,前后矛盾很市侩——作者规避滤镜的那个姿态反证出既往"文艺青年"标签的刻板狭隘。原来,文艺青年不止一种,不止球鞋、句号、棉布裙。

2012年的最后一周,全国多地大雪,气温骤降,一天,作家庄雅婷在微博里写道:"爱人,整个北京都在下雪。你在我心里不停打滑。"外人不知打滑的"你"姓甚名谁,可却能从那个"打滑"的暧昧里感到心疼。

文艺青年,尤其文艺女青年,有心酸,有心苦,有成熟,有稚嫩。普通人。

021

"打字禅"意思跟"口头禅"接近,可这个生造词过于小众,少见人用。"口头禅"指个人习惯用语,"打字禅"指用键盘与人互动交流时的习惯用语。说白了,"打字禅"是"口头禅"的网络版。在键盘族、拇指族、低头族"三大家族"一统天下的社交媒体时代,一个人的话语套路、词语惯性,从"键盘"常用词频上,更易发现端倪……相比方言、口音或肢体语言,"打字禅"转瞬即逝,渺无踪迹。隔着屏幕断定社交对象的真切情感有点难,可就及时性、便捷性而言,"打字禅"无可替代。

022

新年第一周,日期总还是写成旧年,算习惯性笔误,把这种笔误交给弗洛伊德去做笔迹分析,估计也得不出啥惊天动地的结论。它是心理的,也是生理的,肌肉记忆而已。把"2019"的"9"写成8,顺手将"8"字下半截拉长,出来个模模糊糊的"9",这是对刚过去一年的万般不舍?还是不甘或不屑?非这么分析,太抓马。

几年前,有个从年份汲取创意、凸显个性的小众记年法——这拨人非要把"2017"说成"7102",年份标识被这么一"反",变成接头暗号了:"都7102年了,居然看见了新版《流星花园》"……原本简简单单一个记叙句,年份倒装,竟有了三分诡异,七分沧桑。

这个反写年份的文字游戏也是一种"语词赋权"——要自娱自乐,要小众高冷,要对抗时光永逝,要不同寻常,小背叛、小抵抗、小脑洞、小戏谑……这描述多少有点尴尬附会,可不这样,又能怎样?面对永逝的时光,我们照样不知如何是好。

023

有专家撰文指陈"老公"一词的误用,理由是,"老公"本指太监,不明就里,已婚妇女一口一个"老公",荒唐。专家之论言之凿凿,不过,这位专家多半还活在《红楼梦》里(第83回中"老公"代指"太监"的实例)。普及这个出处常识并无不妥,可跟大众嘴里的"老公"较劲,没必要。先普及常识,再补上一句当下语用实例(现代口语表述"老公"多指丈夫),岂不得体?

024

索尔兹伯里记者出身,写过好多书,大名鼎鼎。有一阵,他每天晚上都跟着垃圾回收工出勤干活儿,到各小区收垃圾,收完后仔细分类、整理,研究厨余垃圾、生活垃圾等各种垃圾内容,多年后,完成了一组城市生活报告:从垃圾看城市生活变迁(《纽约的垃圾》,1956)。

《清单——关于爱与奇想的124张小纸条》这本书跟索尔兹伯里的"纽约垃圾报告书"非常像,寻常,凡俗,好玩儿。书的作者是英国人,书中有收藏,有研究,清单的类别庞杂、琐碎、有趣。

"清单"是便条——随手写,随手扔,写在上面的内容五花八门,有计划、心愿、戒律,有怪癖、备忘、白日梦,将这些零零碎碎汇聚到一起,文化景深叠加岁月标本叠加时间留痕,意味忽然浓郁,忽然斑驳。

"清单"是八卦——马克·吐温的清单说,若遭遇火灾,他最不想救的人是丈母娘;梦露的清单说,她最想谈情说爱的人是爱因斯坦;冯内古特的清单说,洗完澡,他总会记得把浴缸底部的脏东西彻彻底底清刷干净……

"清单"是神游——狄更斯搬新家,各种嘚瑟各种赞,唯一的遗憾是书架太多,空空荡荡,不知放什么,于是脑洞大开,列出一堆子虚乌有的书名,发给书商,让他们做成假书,然后整整齐齐煞有介事地填满书架……

"清单"是梦幻——清单上面留下的那些奇奇怪怪,不是外部世界秩序,不是商业逻辑铁律,不是成功典范教程,而是人类内心世界的千奇百怪……或荒诞奇葩,或深情凉薄,百般滋味写进一张小纸条,像一声呢喃。

025

小册子《歌谣五百首》(高少峰、羊超、甄亮、赵剑文编撰)里收有比较完整的《五哥放羊》(原始版?)。跟后来一些改编版不同,完整版将那些被小心翼翼过滤掉的"肉麻"逐一还原留存:"五月里来五端阳,糯米粽子包砂糖。红糖黑糖都包上,没有五哥的舌头香"……嗯,这才像酸曲:要肉麻,要肉麻,要肉麻。字正腔圆乃至义正词严,成青歌赛"原生态"了。

晋北民歌的酸曲里,"ABB格"居多,这类仿拟婴儿语且有别于婴儿语的修辞格式,酸度高、麻劲足。在"毛眼眼""小嘴嘴""巧手手""真心心""香味味""柔声声""一搭搭""烧酒盅盅""胳膊腕腕""马蹄蹄乱""鞭梢梢响""流水水声""三道道蓝"等花团锦簇的"ABB"列阵里,意味深潜,欲念逶迤,"酸"

得缠绵,"麻"得精妙。"想哥哥想得害了场病 / 好了好不了还不一定 / 见了妹妹亲了个嘴 / 肚里的生铁化成了水"……这般酸羞若改成散文,那还有啥意思?

肉麻酸羞乃情话本质:从张爱玲(你穿着雨衣的样子像一个绿色的药瓶,你是医我的药),到夏宇(把你的影子加点盐,腌起来,风干,老的时候,下酒);从东野圭吾(如果你过得不幸福,我所做的一切都是徒劳),到叶芝(只有一个人爱你那朝圣者的灵魂,爱你那衰老的脸上痛苦的皱纹)……

跟民歌酸羞稍有差异的是,现代情话的肉麻喻体世界要辽阔得多,而网文的肉麻则多极化表达,少缭绕含蓄。"我这人有洁癖,不是你,我不睡。任避孕套上落了灰,一粒一粒都'想你'。"这段网间情话520那天疯狂刷屏,肉麻直白外,也辣,也烫。

026

网友金三最近发现个新词,叫"有预期的失利",他觉得"这个新词很牛×,国足改行了吧?"……把"失败"说成"失利",而且是"有预期的",委实乖巧。活儿不咋地,话术生猛,把一盘臭棋整得跟金融分析师预言的"一盘大棋"似的,够邪性。这种玻璃心式的自我美化,擎起一块语文遮羞布,徒增笑柄。

当然,诸如"棚户区貂蝉"之类的降维式自夸,跟"有预期"之类还不是一回事。它也退让,也浮夸,也贱分分、丧分分,可一旦被"棚户区"三个字框定,就跟"有预期的失利"之类的玻璃心完全拉开距离——"失利"是遮羞,"貂蝉"是自嘲,而"棚户区"式的自知之明,则已是一股清流。

027

"怼"字翻热前,用于口语多,用于书面少。书面表述,怨怼、冤怼、愠怼、陷怼、忿怼、愤怼、高怼、恚怼、愧怼等大都生僻。念也不知道怎么念,非要念,只能小声猜,没谱,能直接进入日常口语的更少。

《咬文嚼字》2017年十大网语评选,"怼"字入选。相比既有义项(怼,怨也,本义为怨恨,特指内心抵触或对抗),"咬文嚼字"参照的是网络义项(用言语回应或行动反击)。"怼"的本义更倾向内心幽怨,而其网络语义则倾向仗义执言。一静一动,各有侧重。

"怼"字的诸多近义词紧随其后,招摇过市,像花车游街,一辆接一辆。北京方言里的"挤兑"、东北方言中的"**撺咕**"(从手,指排、推等动作)等,也被不明就里者误作"怼"字原版……都有理,又都不是很有理。

网友 Amanda 说:"怼"是"记音字","怼发音第四声,意思为心里怨恨,看字形底部有一个心字,表示的是心里情绪,而不是'顶、撞、言语报复、攻击'等动作含义,真正表示'顶、撞、攻击'意思的'duǐ'的确来自方言,对应的汉字应当为'**撺**'"。

Amanda 的核心观点,是强调网络语义中的"互怼""撕怼"等,先是借用了近义词"**撺**"(duǐ)的读音,后又借用了"怼"(duì)字的网络语义。

无论怎样,互怼、怒喷之类的此起彼伏,促成了"怼"字的流行,它跟消费愤怒、消费后真相的时代德行、生意相关,也跟舆情的压抑、延宕乃至闭锁有关。它记录下人心与人性幽暗不堪的一隅,已逐渐成为社交空间公众交互的情绪标配。经由掐、喷、撕等"中国式互怼",构建出一个以虚拟空间为平台、以观念站队为驱动、以情绪宣泄为目的的"网络情绪共同体"。这种不以血缘为标准、不以乡党为圈层的"情绪共同体",描画出一幅社交媒体时代辽阔斑斓的中国浮世绘。

"单位今天新来一个同事,出于新人的礼貌,他向我打招呼:你好,我姓马——风吹草低见牛羊的马;我一听,我槽,这不是挑战我呢吗?我赶紧说:啊,你好,我姓白——赤橙黄绿青蓝紫的白。"这段子虽编得漏洞百出,可也许恰恰如此,它的暗怼气质才格外呛人。

世界很大,却常常逼仄如一个明争暗呛的"怼怼群",很闹,很吵,很真实。

现在好多网名以自黑为乐,比如"自由不职业者"(2011)就像是"自由职业者"的拧巴版,"形散神更散"(2016)就像是"形散神不散"的鬼扯版。有很多。

这种自黑也算一种修辞,里面是逼近神髓的清醒。不装,也懒得装。这种自我定位接地气,接天意,有点二皮脸,就像那位网友的网名"二皮奶"(2004),义正词严,嘻嘻哈哈。

相比而言,互联网早期网名是以自恋为乐:有网友自名"美得惊动了中央"(2004),那"惊动"的陶醉那么浮夸,那么嚣张,以至于那个抽象的"中央",反被衬得空渺。

"(人类的)语言跟其他生物通信系统最不相同,用言语从一处向另一处传播重要信息时,模糊性似乎是至关重要的、不可缺少的成分……假如我们没有感知所有语言的字词所具有的这种模糊性和奇异性的本领,我们就无法识别意义中的多种声部的层次……那样我们就会永世使用那 26 个字母讲讲柴米油盐,却不大可能从简单的词语进化到巴赫式的复调。人类语言的伟大之处,就在于它能防止我们停留在手边的事情上。"(《细胞生命的礼赞》,湖南科技出版社,1992,81 页)

刘易斯·托马斯的这段话,本在讨论淋巴细胞与人类语言传递信息方式的异同,可其中有关语言模糊性的提示,格外启人心智……复调式的模糊就像锁,在等待精准的钥匙。

029

学者刘孝存说,"二百五"是北京方言,源于"半封"的谐音"半疯"。"旧时五百两银子为'一封',二百五十两就是'半封','半封'的谐音是'半疯','二百五'就成了'半疯'的代名词。"(《中国神秘语言》,中国文联出版社,1999,224页)

"二百五"属多语源俗语,有一种阐述刨根问底,一直追溯到智商 IQ 数值,快成荒诞剧了。也有语源阐释将"二百五"和"半瓶醋"放在一起,生拉硬拽,牵强附会,比来比去,越比越复杂。

有关一个字、一个词的"语源",接受者、使用者信或不信,无关紧要,而研究者的态度,实事求是就好,不知道就不知道,不确切就不确切,霸王硬上弓,二百五会更加二百五。

我猜,"二百五"或许跟方言"二怂""二面""二货""二球"乃至"二锤子"之类离得不远?至少从字面上看,他们都是二字辈儿。

030

课代表写作文喜欢拽词儿,她也没错,语文老师说过,学了新词儿赶快用,不用就忘了。造完句她光顾着高兴,结果,词儿虽用对了,却造出个病句:"那年中秋,明月当空,繁星满天"……这个病句让"那年"一并虚无,因为,无论哪年中秋,也不可能既"明月当空",又"繁星满天"。课代表忘了老师还说过:有些病句是结构错误,有些病句是逻辑错误,后一种跟词本身无关。

031

"躺平"算是2021年的国民热词,老少咸宜,妇孺皆知。公号、自媒、语音、视频、动漫乃至篆刻、书法等各路"才艺"不约而同,集合跟进,联袂挖掘"躺平"的内涵与外延:日系"低欲望社会"、英伦"尼特族"(NEET)、美国"归巢族"(Boomerang Kids)被用作横向比对;古人先贤之候月、听雨、高卧、勘方之类,被拉来纵向溯源。赞美者挟老子"祸莫大于不知足"以壮行色,讴歌"躺平"即"躺赢",是哲学,有境界;抨击者挟任公"少年强则中国强"以助声威,抨击"躺平"即"内卷",太消极,很堕落……在"鸡娃""恐婚""户口""打工人""996""学区房""教育军备竞赛"等语词生态的簇拥下,"躺平"言人人殊,见仁见智。

032

上、下、前、后、左、右、东、西、南、北、里、外之类,都是常见的方位词,指代清晰,简捷好用。

相比而言,古汉语里的那些方位词,如代表方位东且代指春季的青龙、代表方位南且代指夏季的朱雀、代表方位西且代指秋季的白虎、代表方位北且代指冬季的玄武,等等,过于复杂,幸亏它们早已博物馆化,不然,对于一切要快、要简的现代人来说,太麻烦!

"怕麻烦"其实是一种语言学规律,说白了,就是追求简洁明了:用"加购"代指"加入购物车",用"何弃疗"代指"为什么放弃治疗",好用省心。

当然,"很麻烦"也未必坏——那年,好多明星晒过年回家前后的对比照,一网友说,"回家前是化妆后,回家后是化妆前"……调侃得缭绕,方位词活用得一针见血。

033

欧洲古代手抄本曾经流行字头缩写排版时尚,抄录文字时,姓名或文章的第一个字母用大写,也是省略署名的一种表达。当时,这种花体首字母也叫"花文字"。

成为排版时尚后,装饰精巧的特殊活字大批涌现。英国人威廉·莫里斯是一位诗人,也是一位出版工艺家,他对设计、瓷砖制作、室内装饰品、壁纸等颇多钻研。1861年,他成立克姆史考特出版社,兴趣偏重图书装帧,推出的"花文字"在业界备受追捧。

忽然觉得,出自威廉·莫里斯之手的那些首字母花文字,跟语文老师老生常谈的文章结构法(凤头猪肚豹尾)异曲同工。

"凤头说"出自元代文人乔梦符,他的作文理论跟纹样师莫里斯强调排版"起始"的想法不谋而合……要的就是那一打眼的惊艳。

034

无事闲聊,好友一气儿说了三四十个"其实"。其实,他互动、交流,每个"其实"其实都可以不"其实":"你瞧你混的,一辈子活成个副词"……我的"怼"失礼、失敬、不好听,可收不回了。其实我的这句刻薄,放自己身上也合适——你这辈子怕也只是活成个副词?

大部分人都差不多吧?活成一个副词也没什么不好——非活成一句歌词吗?就算活成一句歌词,怕也亦喜亦忧。谁能保证自己活成"沧海一声笑"?谁能保证自己活成"皇后大道"?"皇后大道西又皇后大道东,皇后大道东转皇后大道中,皇后大道东上为何无皇宫,皇后大道中人民如潮涌。"

时间副词、频率副词、地点副词、方式副词、程度副词、疑问副词、连接副词、关系副词……中文中的副词是大家族,相比而言,"其实"确实太"副"了。如果可挑、可选、可梦想,努力活成一句话,那才圆满——有主谓宾,有定状补,齐齐整整。

"巨婴"忽而"不宜"本身,也是一种"巨婴思维",成语里的"讳疾忌医",大概就这意思。真人秀"中国式相亲"里,坦陈"我儿子内裤是我洗"的那位妈妈逻辑自洽:"我要找个好儿媳,回家给我儿子洗内裤。"就算这位妈妈是节目组请来"自导自演",也让我们仿佛目睹到一个庞大的巨婴群。

学者武志红说,影片《1942》里那位嫖妓的军官就是巨婴。他"一边吃奶,一边做性事","我们多数人,看似是成年人,但心理发展水平,其实还是婴儿水平"。这个"成年人=巨婴"的判断,让人不舒服——它不是淘宝店里显腰细、显腿长的那面显瘦魔镜……那种身心愉悦是假象。

"前有'巨婴男',后有'保姆女'。"作家黄佟佟的这个慨叹一语道破二者伴生的内在逻辑,撕破了熟词"大男孩"背后被掩蔽的麻烦——三十好几了,"大男孩"个屁啊——自我中心,逃避责任,无限自恋……得吃药了。

036

"这国怎""定体问""我陷思"这类压缩格式的网络短语传播度不高,其压缩法野蛮任性,不够规范。不过在初始爆发期(2016),用搜狗输入法拼写"zhèguózěn""dìngtǐwèn""wǒxiànsī",首先蹦出来的就是"这国怎""定体问""我陷思",连搜狗拼音都知道,说明还是有人知道。

"这国怎"的意思是"这个国家到底怎么了","定体问"的意思是"这一定是体制的问题","我陷思"的意思是"我陷入了深深的思考"。据说,这组连环压缩组合搭配,代表了当年不少建言者的基础话术。

尾随"这国怎""定体问""我陷思","亏总民"(吃亏的总是人民)"感身空"(感觉身体被掏空)之类一哄而上,泥沙俱下。

037

感叹号(叹号、惊叹号)多用于句尾,表达强烈感情(如"真叫那个爽!")、命令或祈求(如"求求你!别删群!")。感叹号还是感叹词标识(如"啊!""哈!")、敬语标识(如"恭喜!""祝贺!")和呼语句标识(如"各位!有话好好说!"),感叹号还是一种数学符号(表示阶乘,如"$5!=5×4×3×2×1=120$")。在感叹号的诸多功用里,最后这个功用有点冷——吃喝拉撒,衣食住行,百姓日常跟"阶乘"关系不大。

超量使用感叹号者对感叹号的理解多少有点简单。在这个一竖加一点的感叹号里,常常还藏着权力、阶层、辈分密码。"不轻易使用感叹号和祈使句是情商入门的基本要求。"某网友的这个忠告提示的是,使用标点符号,除语境外,还需加持生活经验:跟上司微信交流业务,百十来字信息往复,每句后面都加"感叹号",你是觉得你比上司更有力量感还是更具控制力?

表意之外,标点符号还有辅助情绪表达的功用,感叹号也一样。假使语言交流是一款麻辣香锅,标点符号就如花椒、甘草、生姜、大蒜、香果、山柰之类。反客为主,最后上盘的,很容易变成混乱的辅料杂烩。"腾讯要是能规定感叹号的使用数量就好玩了,每家公众号一年配给100个感叹号指标,超标的,一个收0.5元。估计一年收的钱能盖栋楼。"……某网友的这个假设很荒诞,很迷人。

038

"工具人"也许就是老话儿"被人当枪使"的进化版,这判断基本仰仗经验,语法理据不足。不过没关系,语言长河里那些字词句篇,多为沉淀下来的经验的沙砾……浪花飞溅,烟消云散,唯有沙砾结结实实。

"工具人"之说显然不如"当枪使"之说形象,"枪""工具"虽均属类别统括词,可二者比较,哪怕只是支玩具枪,其联想反射空间也远大于含混的"工具"。工具太统括了——交通工具?通信工具?手动工具?电动工具?

这么抽象,这么繁杂,就麻烦。唯一的好处是,其衍生力远大于"当枪使"。默默无闻帮好友集赞、砍价、助力的那些,叫

"社交工具人"——他们不一鸣惊人,不居功自赏,默默无闻,助人为乐……在这一语境里,"工具"这个冷冰冰的统括词忽然有了一点隐秘的温度。

当然,那隐秘,那微乎其微的温,不易察觉,它只是我一厢情愿的幻觉也未可知。真实情形也许是,所谓"工具",不仅是运道,而且是天道,不仅是个体,而且是时代,不仅是"升级",而且是"降级"——一种由热及温、由温变冷的下滑或下坠。

作为生命个体的代指符,"工具人"的工具属性被极大地放大,而它的人格属性则被有意无意地忽略,至于其情感属性,则基本已被删除……这个过程也正是熟人社会变为陌生人社会的过程。从这个角度说,天下打工人,谁人不工具?

039

下单前,有关琴叶榕的安利文案看了好多。赞美者说:"琴叶榕——绿植界的王菲!不开花,不讨好,高枝阔叶,绿得彻彻底底,四季如常。"抨击者说:"琴叶榕这货根本不简单,锈斑、发黄、僵苗、落叶……人家养出来是王菲,自家养出来却成了张飞!"……从"王菲"到"张飞",两个喻体,两番体验,两样态度,两类极端。怎么办?要王菲还是张飞?要琴叶榕还是狗尾巴草?

040

好多年前记者郝铮撰文报道某赛事,收尾处别开生面:"北京精神是'爱国创新包容厚德',而今天的五棵松,北京球迷所表现出来的北京精神是'局气有面儿厚道讲究'"……郝记者笔下的方言版"北京精神",说白了就是"人民版北京精神"或"吃瓜群众版北京精神",特接地气。

官民两版"北京精神"内涵差异不小——"局气"跟"爱国","有面儿"跟"创新","厚道"跟"包容","讲究"跟"厚德",哪儿都不挨哪儿。两版相较,庙堂语文和江湖语文的非对称本质更扎眼:系统不同,章法不同,词库不同,各自闭合,少有交叉,把这两个圆圈儿画到一张纸上,有点难。

语言习得过程中的过犹不及,被现代语言学称为"模仿过头"——为了学习更地道的方言一猛子扎进去,可是因为扎得太深、劲儿使得太大,"结果说出一种标准方言里并不存在的形式"(《现代语言学词典》,商务印书馆,2002,174页)。

学者徐博闻说过,那种以为只要多用儿化就是北京话的仿拟,就是"模仿过头"——儿化音、儿化词确为北京话的特点,可北京话中的儿化音、儿化词,只是一种口语习惯。同为量词"条","一条儿烟"儿化,"一条领带"不儿化,这不是受制于什么理论,而是源自语言习惯。把"一条领带"说成"一条儿领带",即所谓"模仿过头"。

"小小子儿,坐门墩儿,哭着喊着要媳妇儿。要媳妇儿干吗呀?点灯儿,说话儿;吹灯儿,办事儿;明儿早晨给你梳小辫儿。"这首童谣的版本众多,仅所"坐"之地,就有"门墩儿""井台儿""庙台儿",可其儿化的部分基本一样。可见儿化句、儿化词确属基于语用经验的一种任性,教科书里说不全。

041

尽管"狗"这个字后来成长为一个很活跃的词根,可它跟熟词"走狗"之狗,还不是一回事儿。

老师说:《史记》名句"飞鸟尽,良弓藏;狡兔死,走狗烹"里的"走狗"是"猎狗";评家说:"王小波门下走狗"里的"走狗"是人不是狗。

那帮人,要自黑,也要自嘲;要自诩,还要自贬……极言崇拜,均可成"狗",这跟后来出现的"舔狗"有关联吗?待考。

至于"单身狗",应该就是"单身汉"的戏谑版,它始于自嘲,没想到玩笑开得有点大,"单身狗"家喻户晓,甚至成为饱含歧视、鄙视、蔑视的经典他指格式,收不回来了。

当然,不会有"单身狗"为此打官司,紧随其后,加班狗、文案狗、程序狗、软件狗列阵而过……人生在世,你歧视歧视我,我歧视歧视你,如此而已。

更多的"狗"还在路上——考试狗下,又细分出中考狗、高考狗、艺考狗;开车族下,也衍生出路怒狗、独驾狗、路痴狗……网络时代,狗多势众,不好惹。

042

"古早味"的语义边界很主观,有人定义为"妈妈的味道",有人定义为"小时候的味道",有人定义为"街边张家卤煮的味道"。"古早味"也常写作"古早感","味"落在味觉,"感"偏向视觉,二者相比,视觉似比味觉更具语义覆盖力。一张照片、一间门脸、一副手套、一张旧信封,都可以既"古"且"早"。北方的酱油炒饭、南方的猪油拌饭可以"古早",大白兔奶糖的糖纸、旺角浩记甜品的玻璃碗,也可以。

043

北京话管"散步"叫"遛弯儿",一大早散步,叫"遛早儿"。"遛弯儿"的路可弯可直,"遛早儿"的早上五六点可以,七八点可以,九十点,也不算太晚。

成都话管"散步"叫"压马路"(轧马路),这个说法跟上海人几乎一样;到了成都乡下,"散步"变成"逛田坝"……不过,这应该也是"古早"的叫法了——那时的乡下少马路,现在的乡下多汽车。

河南人管"散步"叫"转圈儿",安徽人管"散步"叫"溜溜去""逛逛去""转转去"……为什么要转圈儿?为什么要转转?为什么要溜溜?这里的叠字应该不是卖萌。

2008年初,熟词"散步"忽然换汤也换药地增加了一个网络义项。那年冬天,"厦门PX事件""上海CXF事件"此伏彼起。打那以后,熟词"散步"的这一全新义项不断增添样本案例,或将载入史册。

044

2017年水木社区讨论汉字"行"。有分歧的,是"'行'表示可以、没问题的这个意思来自何处"——三位网友的发言,角度不同,各有见地。

一说:"行走,通过,从人行走隐喻转义了一下下而已。参照行不通";二说:"因为问题是:行不行?(所以回答顺茬儿说:行。)"三说:"行不得也哥哥"……各种见地,各种有趣。

一说认定的,是"行"的"肯定副词"属性;二说认定的,是"行"作为副词出现时的必备语境(行不行呢?行!);三说偷懒,直接给例句,只是我试了试,把"行不得也哥哥"换成"使不得也哥哥"貌似更顺溜。

90后很讨厌社交场域那种动辄站队、表态的二元对立,遭遇非表态不可语境时,他们多以"还行"二字搪塞——不是"行",不是"不行",是"还行"。真实意思即"还凑合"——一种委婉的搪塞。行吗?还行。

045

从编辑角度看,《错别字例释》(赵克勤,商务印书馆,1998)一书里"因不明汉字结构而误"的部分比较麻烦。讲解这类"结构错讹",老师通常直接在黑板上演示:为什么不能加一点呢,为什么不能少一撇呢,直观,形象。可排版成书,编辑需为那些错字另行"造字",就算出版流程已全面数字化,为教学单独制造错别字,依旧繁难。做这本书的责编、审校,尤需胆大心细:"步"字下半部不是"少",是省掉右上角那个点儿的"少","武"字的右下没有撇,"祭"字上右部分不能写成两小撇,而应写成小横折(𠃊)。据此,"蔡""察""嚓""擦""镲"等字,也需逐一留意——要诉诸视觉,诉诸汉字史讲解,诉诸口耳亲授,诉诸综合考量。当然,如此种种,均为编辑这一职业的默认繁难。难于承受的,快改行。

046

讲"主语后置",老师举古汉语例句:"甚矣,汝之不惠。"(《列子·汤问》)当着一屋子学生的面这么说,还真有点儿那个。

显然,老师没想当面羞辱,她不过想说,古代汉语跟现代汉语一样,都有主语后置的语言现象,甚至主语后置的原因也古今一律——让谓语更显著,更强大。

"食堂大妈总是说:'你要吃哪个同学?……你看,后面这么多同学等着,你到底要吃哪个?'"这个网络笑话的作者估计常吃食堂,敏于观察,他笑话里提示的"主语后置"接地气,很画面。

047

2012年底,北京语委启动"中国语言资料有声数据库北京库"项目,实操难度不小,项目主持方坦白:"虽然全国人民都在说普通话,但真正的北京方言说的人越来越少……近三十年间,人口流动迁徙频繁,语言交互影响明显,如今说地道北京话的人并不好找。"

北京话跟普通话读音异中有同、同中有异:普通话说"隔壁",北京话说"界壁儿";普通话说"淋湿了",北京话说"轮湿了";普通话说"等会儿",北京话说"绷会儿";普通话说"蝴蝶",北京话说"互铁儿";普通话说"出彩虹",北京话说"出杠子";普通话说"从这儿往东",北京话说"解这儿往东"(或"打这儿往东")。

"北京库"项目最终找到了一个北京话标本——"老何家"。何向东一家在北京久居,已超过十一代。采访时,何老爷子一口京腔:"从顺治爷那辈儿起唔们就溜达到北京了,要我说啊,北京话要保留的不光是方言土语,还应该是北京味儿、京韵。"

何老爷子说,最地道的北京味儿大概也就在侯宝林先生的相声里还有踪影:"那天我睄你去了,你没在家,我溜溜儿等了你一整天,你没来。我一看褶子了,我撒丫子了。"这段侯氏相声里的"褶子了"即北京土语,可那句歇后语(老太太的脸——褶子了)里的"褶子了"是北京土话"褶子了"的出处吗?待考。

048

春节过完,在好奇心日报上看见个50多字的超长句,主要意思是讲"节日时差":"经历了胡吃海喝昼夜颠倒无所事事看剧刷屏自拍在屋里做布朗运动玩了十八小时农药还降了一级的一星期后明天要上班了。"

从表意主体看,这个句子的主干部分用17个字(经历了一星期的春节长假明天要上班了)就已陈述清白,缭绕的,是那17字主干句的定语……那多达40个字的定语确实长,需要长憋一口气,才好念完整。

当然,相比"假期时差"的四字简明,罗里吧嗦也有罗里吧嗦的优势——那"啰唆"信息颗粒度高,那"啰唆"细节撩拨力强,那"啰唆"体验共情面宽……再加上刻意不使用标点符号,那种慵懒疲倦、百无聊赖的语感呼之欲出。

看来,语言生活一样是青菜萝卜各有所爱,多寡随意,丰俭由人——想简单明了、清清爽爽,就用"假期时差"四个字;想说得花不棱登,就来个细节妖娆的定语。

049

那则小户型房产广告文案用了个感叹句:"不妥协,青春正当时!"有网友看着不舒服,吐槽说:"推小户型鼓动年轻人买房,买了房就什么都妥协了我跟你说!"

与售房文案里的"妥协"不大一样,那则吐槽里的"妥协",少性感,多骨感,收尾时那句"我跟你说",是口语交流时常见的话语标记语——是提醒告知,是着重强调,也是命令或警告。句中的"我跟你说",兼有"强调""警示"的多重意味,让人很难再小看"话语标记语"我跟你说。

近年流行语文中高频出现的"话语标记词","简直了"可以算一个。点开朋友圈,这种以后缀方式呈现的话语标记词已然烂街……于是,强调已不"强",慨叹已不"慨",警示也已"警"不起来。名存实亡,简直了!

050

哪个"张"？弓长"张"，哪个"章"？立早"章"……这种记字、辨字口诀在社交互动中很常见。不过，它并不适用所有字，比如"黄霑""黄渤""黄圣依"的"黄"，用拆字法解释，就很麻烦，虽然民间也有"二十一田八"之类的"强拆"，却十分费解。要我拆解，我会说，我姓黄，"黄色"的黄。

考证"黄"字的语义变迁，流沙河先生认为，《说文》将其编入草字头，有待商榷："黄像大腹便便之形，黄的本义是指身体壮伟肥大。广的繁体作廣。廣，大也，从黄得意，晚到春秋战国五行学说兴起之后，以五方配五色，中央戊己配土，其色黄，黄才取得'地之色也'，而其本义遂隐。"(《流沙河识字》，154页)据此，"黄"的本义是大腹便便。

研究者通常将语源细分为"自源""同源""借源"等不同情形，多语源也常见——"语词笔记"里收入的那个既纪实又抒怀、既主观又客观、既虚构又非虚构、既入世又隐逸的句子（街上没有兵，没有马，却兵荒马乱）是在2005年。意外的是，解读完这句子后，不少网友争抢"创作权"……没想到多语源我居然亲历。

"语词笔记"还收入过另外一句，被我开列在"年度美好"标签下，这句"我的钱正在来我家的路上"（2005）跟"没有兵，没有马"一样，也有多"作者"事后追认。"语词笔记"成书时，我只好把它标为"佚名"。可见有关多语源，除了"自源""同源""借源"，除了历史来源、语音演变、方言影响，还有语言使用者的愿景、情感等很难捕捉实证的微妙因素——就说"年度美好",谁不愿年年岁岁来我家路上的那些钱年年岁岁不堵车?

辑二

脑子这种容器,有趣的事物不占领它,
荒草和屎就会占领它。

——策白马啸西风

短语"饭局诗人"(2014)跟"浴室歌手"的词汇构成近似,"饭局"是有"局"的人,而歌手之"局",大概只是在自家浴室鬼哭狼嚎。

"饭局"是公共空间,"浴室"以前是,大城市单元化,家家有浴室,浴室便由公转私,90后、00后们对"浴室歌手"所描述的那种尴尬已很难共情,他们也会在自家浴室怒吼"双截棍",缠绵"爱你就像爱生命",可它跟早年公共浴池此起彼伏的"洪湖水浪打浪""少年壮志不言愁"已不可同日而语。

"饭局诗人"写不进桂冠诗人花名册,"浴室歌手"也难登中国好歌手赛台,就算殊途同归,"诗人"和"歌手",依旧难改非盟友、非敌我的并置关系,它们像两条弯曲细线,各自往复,永无重合。

这再次证明,实际语言生活中,那种"极性对立"(《现代语言学词典》,274页)的状况并非常态,"肯定极""否定极"非黑即白的对立,终究会让位给生活中无尽的灰色——灰得暧昧缠绵,灰得花不棱登。

052

果壳网有人问:"从毛豆到黄豆发生了什么变化?"这"问"确实冷了点儿,可下面的"抢答"却很热。最出人意料的语义外溢,是两则留言和附评:1. 一言以蔽之,就是从萝莉到大妈的变化(翻滚的喵);2. 嗯嗯嗯,毛片和黄片就是同一个东西(拇姬)。毛豆、黄豆、萝莉、大妈、毛片、黄片……概念的流转、互动和生发,让人想起所谓的"话赶话":语词激励语词,概念激活概念,比喻激发比喻。

053

讲超长定语的语料样本,老师选用毛选里的一段话——那段话确、实、超、长,记忆力再好,过目成诵也费劲。

"美国白皮书和艾奇逊信件的发表是值得庆祝的,因为它给了中国怀有旧民主主义思想亦即民主个人主义思想,而对人民民主主义,或民主集体主义,或民主集中主义,或集体英雄主义,或国际主义的爱国主义,不赞成,或不甚赞成,不满,或有某些不满,甚至抱有反感,但是还有爱国心,并非国民党反动派的人们,浇了一瓢冷水,丢了他们的脸。"(《毛泽东选集〈丢掉幻想,准备斗争〉》,1377 页)……数了数,标点符号除外,中心词"人们"前面的定语统共 100 字。

超长定语与东西文化交流有关,西文里的那些超长定语被分解为短小中文,才更好理解,但也会减损原文的逻辑推理和整饬之美。留意罗永浩演讲句法,会发现,罗老师擅长使用复句,他的口语定语漫长、清晰、繁复、整饬。演讲时,这种超强的复句造句力、超强的定语组织力,是话风优势,更是思维优势。思之缜密,言之精确。

"岁月是把杀猪刀,而且是把工学手柄握感舒适冷锻工艺刃口精磨不易崩卷持久锋利的杀猪刀。"(2011)前面这长句出自作家地下天鹅绒。这把"杀猪刀"的定语很长,其间饱蘸理工思维模型,不仅"长"得不遗余力,奋不顾身,也"长"出了似喜实悲咬牙切齿的那种复杂。

"距今隔了五公升眼泪两百串鸭舌六百张自拍三千个假笑。"(2015)这个长句出自编辑小于,她将与好友离别经年的思念分解为"五公升""两百串""六百张""三千个",这个漫长定语对外人而言或许全无价值,可细密至眼泪、鸭舌、自拍和假笑的那种精度,却已成为移动互联时代在在皆是的多线程、多任务生活境况的一种刻录,纠缠且驳杂。

"肩窥"(shoulder surfing)一词1993年就有了,那年《纽约时报》的一则短文提到过它,意思是在地铁、机场、高铁、影院之类人群密集的公共场合,有意无意越过他人之肩窥视他人手机,有些是无意,有些是刻意。

手机屏幕越来越大,功能越来越多,在人群稠密场所,不"肩窥"或不被"肩窥",有点儿难。2017年,慕尼黑大学的研究者针对"肩窥"做过一项调研,研究发现,在时长1.5小时的一辆公交车上,至少6人有过"肩窥"之举。

研究者担心的还不只是短信、照片、密码或某些视频之类的个人隐私被"肩窥",更大的忧惧是,当恁多个人隐私随时随地随随便便被偷窥、被观赏、被泄露成为惯性,公私之界与安全底线已成一纸空谈。

在社交媒体上,此起彼伏的晒娃热情有讨论,没结论,年轻爸妈溢于言表的那种爱和难以遏制的分享冲动,不难理解,可身处肩窥时代,留点心眼儿,也不为过——非分享不可,发个背影、晒个侧影就好……您都美成那样了,你娃肯定错不了。

在豆瓣上看过一则短评:"人类,大约是进步了;但人性,从未进步。"这句话撕开了人性阴暗而不可描述的一角,面对它,还是小心为妙。

"今年冬天特别长。报纸上永远在说降温,人人喊冷。学校里开了的花,就只有两枝银翘。苹果、树枝、自来水,都给冻得硬邦邦的;杯里的热牛奶,也泛着冷冷的僵白色。"这是饭友晚宁2013年冬天写的一段话。

这段文字写温度,也写心情——暗淡、沮丧、糟糕,糟糕到银翘、苹果、自来水、热牛奶也随之冰冷坚硬。其中以"僵白色"定义"热牛奶"最仄性——"任性"果然是语言延展的强大动力,没有它,语言无力攻城略地。

同年,饭友"不着调乐队"也写过一个自怨自艾的短句:"我的体重里有30%都是心事,说出去就减肥了,可是……"句尾的"可是"和省略号,让此前尚可欣慰的动词们瞬间失效,一脚踩空,人生倥偬急转。

056

为自家一款产品上市宣传单独造词,有诚意,有创意,也有风险。"微男"(2014)一词就是为一部电影生造的,特指微有趣、微上进、微大厨、微贴心、微善良、微梦想的那类文艺男青年……可结果不妙——电影和专用词一起转瞬即逝。

可见这类刻意终究敌不过芸芸众生黑白分明的思维惯性——对公众而言,要么"渣男",要么"暖男",要么"高富帅",要么"矮矬穷",而"微男""微"得过于细小、细密、细致,完全背离大众思维。

多年前,云南某牙膏发布过一则广告,文案百转千回——从"智商"说到"情商",从"健商"说到"财商",扯到最后,文眼呈现:齿商(2007),脑洞大开到尴尬,不怕大家把"牙齿"之"齿"误读成"羞耻"之"耻"?

用现成词,没问题,用自造词,也没问题,可在语法、语用规律外,还有人文惯性、常识经验等默认维度。比照"云南某牙膏",还是"杭州张小泉"早年的那句文案(唯有情感剪不断)更见功力。

057

1981年赵元任内地省亲,考古学家李济之子、赵元任世侄李光谟曾向赵当面讨教,《中华读书报》(2012年11月07日07版)有过报道。李光谟讨教的内容是"同音字"——刘半农名诗"叫我如何不想他"里的那个"jiào"字,有版本为"叫",有版本为"教","教"多,"叫"少,到底该选哪个。讨论结论是二者均可——在"叫我如何不想她"这个句子里,"教""叫"通用,相比而言,"叫"比"教"更口语,更亲切。

"叫我如何不想他"是刘半农在英国留学时(1920)的作品,该诗首次创建了汉字"她"作为女性第三人称,取代男女混用的"他",获得广泛认可。1926年经赵元任谱曲后,"不想她"广为流传。

"化肥"是日文外来词,先后有"化学肥料"(1890/がくひりょう)"人造肥料"(1906/じんぞうひりょう)"金肥"(1930/きんぴ)等不同称呼。其中"金肥"概念很显眼,它收在1930年葛祖兰编译的《日本现代语辞典》里,释义说:"(金肥)即人造肥料,或化学肥料也。"

相比而言,"金肥"译名自带阿谀气,有膜拜,有神化,跟化肥最早给农家带来的震惊效果正好匹配。农家体验"大觉省事、省时,费用虽大,而田能畅茂。"1954年,"化肥"一词开始广泛使用,当年2月底出刊的《时事手册》第廿四号有个样本句:"全国供销合作社一九五四年准备供应农民肥料(包括饼肥、化肥)五百多万吨。"

1961年9月2日傅雷给傅聪的信中说:"农业增产要达到理想指标必须机耕与化肥两大问题基本解决后才有可能。"(《近现代汉语词源》上册,683页)……出自"词源"主编黄河清先生的这个样本句,除佐证了"化肥"一词的汉化史,还顺带让人瞥见傅雷当年对时政的广博关注,他并非大众印象里一心只读圣贤书那种呆子。

059

作家的语言自觉、文学格局,看完作品首句,可知大概。

对读者而言,首句如门脸儿,进(读)或不进(读),门脸的感觉很重要;对作者而言,首句如把手——有了它,故事的那锅热粥一端就端起来了。

拜尔的短篇《设计》的首句是:"一只男鞋,在坠落或是碰撞地面时离开了脚,躺在几米远的铺石路面上。"这个首句像电影开场空镜,银幕上只有鞋的特写,顺着它,悬念高悬,故事开始。

神异首句当然不是质保免检标准。余华的长篇《第七日》整

体仓促,可首段诡谲神奇,逼近伟大:

"浓雾弥漫之时,我走出了出租屋,在空虚混沌的城市里孑孓而行。我要去的地方名叫殡仪馆,这是它现在的名字,它过去的名字叫火葬场。我得到一个通知,让我早晨九点之前赶到殡仪馆,我的火化时间预约在九点半。"

这段本可号令全篇的魔幻和荒诞一句剧终。一根断线纸鸢,飘乎云端,不知所往。

060

多年前,电影《夜。上海》被网友怒喷,好玩的是,怒的和喷的,主要是片名。"一个句号足以让我怒不可遏"——这观感很极端,是网间常见的极化表达。让这位网友怒不可遏的那个句号,隔在"夜"与"上海"之间。

"谁能告诉我《夜。上海》和《夜上海》有什么区别?显然是一个中间有句号,另一个没有句号。可又有谁能告诉我,其中的句号是什么意思?别跟我说是表示什么狗屁了断。"

网友草威的这段话有理有据。不过,人生长途,恁多人事,无理无据,逍遥一生。一清二白的理据反而掩蔽乃至辜负了繁复斑斓的人生。

按语法书上的讲法,隔在"夜"与"上海"之间的那个句号应属误用("句号,标识一个陈述句完了。"李兴昌,《现代汉语词典》,第5版,739页)。

不过,这误用多半是有意为之,就算确属误用,又怎样?不就是个句号嘛,真打官司,出品方咬死了说片名里"夜"就是一个字的独立句,也没辙。

德国物理学家魏勒·卡尔·梅森堡是1932年诺贝尔物理学奖获得者,他创建的"测不准原理",也称"不确定原理"。不论"测不准"还是"不确定",从某种角度说,都是一种意义空虚。"正如有个棒球裁判说的,'有些球是坏球,有些球是好

球,但在我说出之前,它们什么也不是'。"(《简明现代思潮》,重庆出版社,1987,11页)

按照这种思路,"句号党"跟"语法党"不妨大路朝天,各走半边。至于我,必须"怒喷"——忍句号党以小清新之名乱用句号很久了,要不是因为草威发飙让我借机吐个槽,我内心那排山倒海的怨念不知还要多久才能画上个一吐为快的句号。句号。

061

"自我人肉"算衍生词。相对原词"人肉搜索","自我人肉"不搜别人搜自个儿,虽说隔三差五百度自己谷歌自己搜狗自己有点那啥,可这类搜者怕还不算水仙帝。人和人真不一样:你站聚光灯下心惊肉跳睁不开眼,人家看见舞台两眼放光欢天喜地。

台湾学者黄一农曾提出过"e考据"的概念——一种"充分利用电子资源进行考据的方法"。他认为:这种考据虽可拾遗补阙,但"网络搜索不能代替读书,通过搜索获得的信息是支离破碎的。无论哪个领域的历史研究,都需要把握大的历史图景。我建议刚入门不久的年轻学生,切不可每日忙于搜索而忽视读书的重要性"。

常规考据与"e考据"高低雅俗有别,相对来说,快速结论者,如"人肉搜索",如"e考据",难免有硬伤。网络资源海量呈现不错,可对研究者而言,更具价值的不是"料",而是"器",不是"论据",而是"论点",不是"肉丁水馅儿",而是一咬就汤汁溢口肉香缭绕——做学问,没有说吃就端的。

062

用单个汉字表述情绪、刻录感受渐成时尚,这让一些原本冷僻的汉字重出江湖,比如尬,比如丧,比如怼,有好多。它们自冷而热,原因复杂,一是因为简单直接,一是因为重新定义。带来的语义拓展,其中"简单直接"更重要。一个单字就像一只浅浅的口袋,谁都可以将一己情感与感悟充填其中,用自定义把它撑得鼓鼓囊囊。

相比而言,流行语文里的双音字符,反多尴尬——它比流行单字多个字符,却比不了那些任意长短、无拘无束的流行句,既非阔绰优裕的大宅,又非一厨一卫一居的"经济适用"。这种不尴不尬,反证出流行单字的优势:可自由投射、自行意会,也可自行阐释、自由押拉。

罢辽、闭麦、耳骚、空耳、伦家、猫系、农金、哦豁、全藏、生草、网紫、喜提、心塞、尿王、岩羊、颜狗……这些双音字符样本，各有定义，各有应用场景，可这定义、这场景实在不便随时备查，实在不便随时加注，唯一能做的，只剩"望文生义"：

"罢辽"是放弃东三省的意思？"岩羊"是最新发现的一个物种？"哦豁"是北京话"哎哟嗬"的重庆方言版？"闭麦"是互动持续尴尬的一个暗喻？

望文生义如猜谜，猜到或猜不到，都不过是一种自我经验投射或自我认知惯性，说到底，都是想当然。它无助于这类流行语词的传播，无助于喜提之"喜"网紫之"紫"农金之"农"，只会让"心塞"更"塞","空耳"更"空"。

这一想,忽然由衷赞美"空耳"一词——它是多么神奇的一个词啊！心绪拥塞,烦闷淤积,周遭蜩螗沸羹,那就先"闭麦",再"空耳",一人静静心,发发呆。没听见,恍如字字句句听真切。

"朋友圈困难户"是个"合成词",由大众词"朋友圈"+"困难户"合并而成。一并列,意思簇新,将有增无减恁多社交尴尬呈现得入木三分。就像网友所说,发朋友圈,"不能过头,不能激进,不能炫耀,不能消极,不能文艺,不能自恋,不能矫情,不能随便,不能死板,不能说教,内容不能过长,图片不能过多,修图不能过分。发条朋友圈,心力交瘁"。

这种左右为难的社交尴尬跟人性有关,跟朋友圈属性有关。朋友圈社交就像在大街小巷过私生活,既要有在万人广场打嗝放屁的勇敢,也要有大裤衩在身拖拉板在脚素面朝天处变不惊的演技。不然,你豁出去了,可围观的那好几百号人尴得脸红脖子粗,也麻烦。

064

《军师联盟》前 20 来集,演员于和伟将已被各种艺术样式过度消费的"曹操"演出了新意思,在情节、情绪的各种规定里,他的微表情瞬息万变,一言难尽——冷笑、战栗、轻蔑、惊觉之类现成词汇,一概苍白。经验有别,怜悯、狰狞、悸动、惊悚之类也变得百人百样。

曹操小字"阿瞒"这一细节在《军师联盟》里被编入卞夫人与孟德君唠嗑时的台词(称谓语)。豆瓣网友谢明宏说:"卞夫人叫病中的曹操'阿瞒',不会直接被曹操一巴掌扇死吗?"

谢先生毒舌有道理,不过,电视剧中出现的"阿瞒"称谓,应属有依有据的合理想象,编导试图以此再现古代君王的夫妻日常。这个试图还原日常的想法本属无法完成,除了延伸理据、虚构脑洞,别无他法。不分场合、时间、语境,卞夫人一概左一个大王右一个大王地唤个不停,好像也不大对,"大王"本尊也不大舒服。

"汉语在秦汉以前还没有像'阿'这样的词头……'阿'作为词头最早见于汉代,例如汉武帝的小老婆叫'阿娇',稍后又有曹操被称作'阿瞒',刘备的儿子刘禅被称作'阿斗',等等。""现在的一些南方方言里这个词头仍然很流行,比如吴方言称兄、弟、姐、妹为'阿哥''阿弟''阿姐''阿妹'……使用相当广泛。"(陈海东,《汉语史话》,中国广播电视出版社,2010,78页)

陈先生的这段考证要义有三:一是"阿"字本无实义,二是"阿"字可补足音节,三是"阿"字常渲染气氛——或亲昵,或绵软,或娇嗔;或一丝卑微(如阿猫阿狗),或几缕温煦(如阿家阿翁),或万般熟稔(如阿婆阿公)……一个"阿",阿出好多暧昧。

065

日常语言生活中,状语和谓语的关系远比教科书上的释例复杂。剥离原有语境,冷不丁问你啥叫"有建设性的庸医"(2009),啥叫"间歇性厌世"(2010)……晕!

不过,像"强制性贺岁"(2011)这种,就还好猜——岁末年关,各种促销、打折琳琅满目,京东下个单、淘宝剁个手,精打细算从个众,等于是给并不如意的一年贺了个岁。想想也是,那些还没过完阳历年就开卖的汤圆、元宵,那些拉长销售期赚得的薄利,或许就是店员的季度奖。在强制中秋节、强制父亲节的欢天喜地背后,是算计,也是苦涩。

在中国生活十多年的苏珊·罗柏尔,算半个中国通,可她坦言,至今无法习惯在卫生间跟同事热聊:"任何如厕时发出的噪音都会被'礼貌性冲洗'所掩盖。"这个羞羞尬尬记叙句中的"礼貌性冲洗",也是一个"状谓结构"词组,在这个高度概括的词组背后,藏着观念抵牾,藏着文化冲突,无声胜有声。

2009年,大阪一家玩具公司研发出一款可以随身携带的"如厕音乐盒",这款身体隐私产品外形精美,操作简便,只需摁下音乐对应的按钮,美妙的音乐即可遮盖如厕的尴尬。该产品销售报告称,这款粉红色的"音乐盒"当年在日本销出11万件,让那些像"苏珊阿姨"一样敏感于身体隐私的朋友如厕愉快:不费水,不尴尬。

状谓结构的复杂多跟语境有关。2008年,一位网友对网络熟词"脑残"做出了仿医学分类,分列出"原发性脑残""继发性脑残""功能性脑残""器质性脑残"等不同伤残等级。这个语文游戏富于洞见,泼辣犀利,有归纳,有想象。当状语或从时间、处所、对象,或从条件、范围、程度等不同维度包抄谓语,谓语的内涵就更显精准。

066

俗话"只可意会不可言传"的另一种表述可以是"微妙情绪表达",学者巴雷特还为此创制了"情感粒度"这个概念,用指那种"分辨、定义情绪的能力"。巴雷特认为,"情感粒度"得分高的人,能更快从压力中恢复,很少会把喝酒当作调剂心情的方式。

研究发现,"让10岁、11岁的孩子学习更多的情感词汇,他们的期末成绩也会有所提高,在学校的表现也会更好"……这一研究也许证明,那些能够仔细辨析"愠怒""震怒""恼羞成怒"之间细密区隔的孩子,数学试卷的差错率相对较低。

那就编一本"情感粒度词典"吧。假想中,它可以比常见的所谓"辨析近义词"更斑斓,更细腻。比如,比较一下"嫌隙"跟"嫌弃"的细微之别;比如,权衡一下"疑忌"跟"怀疑"的细密之差;比如,挑剔一下"欣幸"跟"高兴"的意近神远……又无聊,又有趣。

067

"王者荣耀"被俗话成了"王者农药",上岁数的不大听得懂,标称听不懂,变称更不懂。游戏中人正好相反,听俗话版的变称更亲切。

近似的顺口溜随之此起彼伏——"王者农药,一粒见效"——这句流传广,上口,好记诵。如是,社交网站上让长辈们惊心动魄的那些对话("嗑药不?""几点?""老规矩""在哪儿?""老地方")其实有惊无险。

当然,它跟话剧《茶馆》里王掌柜靠在大门口说的那句"改良改良,越改越凉"也不一样:"越改越凉"属曲解谐音;"王者农药"属双关谐音,一箭"多"雕,不只"荣耀—农药",甚而"荣耀—救命药—忘忧药—制胜药"……谐音修辞果然搞事情。

068

2014年暑假过完没几天,西安音乐学院一位同学发现,"西音二食堂"卖鸡排饭的窗口黑了灯,玻璃格栅上贴了张打印留言:"鸡排饭师傅相亲去了,路远人美,需要两天。"没多久,"留言"传到网上,评论、跟帖此起彼伏,七嘴八舌,心愿一致:祝师傅相亲顺利。

这则网红"留言"不到二十个字,符合应用文基本规范,还跟语言学家格莱斯在"语言合作"原则中强调的数量、质量、关联、方式等要素大致契合:首句交代事由,准确,清楚;三句交代停工时长,确切,明白;少许跳脱的,是第二句——"路远人美"这四个字,像插说,像提示,还暧昧——相亲对象貌美如花?相亲小哥心花怒放?八里庄的萝卜心里美?得猜。

正是这个"猜",让这则小应用文既软且暖。留言条,原来也能言简意赅外,跳脱顽皮,旁溢想象。当事由主体(窗口停售鸡排饭)与事主主体(卖饭师傅去相亲)的情绪简述后,"路远人美需要两天"的"语言合作"丰润而饱满,还有点甜。

台湾作家韩良忆在微博上说:"各位译者请听我说,我们的确可以料理某事(动词),但拜托一下,除非是'日本料理',否则译到 dish、plate、cooking 或 cuisine 时,请不要译成'料理'。料理作为名词,是日本汉字,不是中文。真的很看不惯什么法式料理、中式料理、意大利料理。"对此,作家沈宏非高度认同:"不仅不要,更不要'缩略为法料、意料、马料'。"在韩、沈二位看来,这类日式中文太过想当然耳。

070

老师喜欢用"焦大骂街"(《红楼梦》第七回)佐证"拟误修辞"(不和我说别的还可,再说别的,咱们红刀子进去,白刀子出来!)——一句"红进白出"的佯谬,传递的是作家对人物秉性、话语语境和话语生态的精细描画。这种"拟误式传达"一箭双雕,不露声色。后代"责编"以锱铢必较之心非将"红进白出"改作"白进红出",赢了事理和常识,输了文学和审美,枉费曹公一片苦心。

很多作家都喜欢拟误修辞,小说家纳森在《啥都瞭了》里用过,陈冠中在小说《裸命》里也用过。跟英文小说因汉译而丧失拟误修辞大多意趣不同,陈冠中的拟误修辞更圆融。《裸命》里的拟误之"误"被框定于成语范畴,男主强巴一遇成语就晕,晕着晕着,强巴的脾气、秉性就晕出来了——"强强,北京是不是气派不凡?""不烦,一点不烦"……这个拟误之"烦",很不凡。

郭小橹的英文小说也高频使用拟误修辞,不少评论家将《简明中英爱情词典》里那些生涩别扭的英文单词、句式解读为有意为之的"创意拼写"——紧贴角色命运,凸显文化隔膜。就像《裸命》里强巴将"临时起意"误读为"临时起腻"一样,那番生机勃勃的无知或误植刻录着恋人之间的痴顽亵语,衍化出一幅性别叠加文化的多维碰撞。是啊,"临时起意"的亲密,混沌而甜,确实有点"腻"。

《裸命》里"强巴"一角几乎完全仰仗拟误修辞凸现存在感——他爽利的秉性,跌宕的际遇,乃至他始终懵懂天真的爱情憧憬,均被作家一笔一画拴系在拟误修辞那根细线上……似弱而强,似非而是。

071

在五道营那儿见过一家小酒馆,幌子直接用生铁焊出来,像个灯箱,店名叫"另存为"。想了想,这个电脑术语用在分手、跳槽、辞职、诀别之类的事儿上,也许更合适。

不过,那家"另存为"的老板,正是因为跳了槽、分了手、离了职才开了这家小酒馆的?也没准儿——忽发奇想、灵机一动外,它更源自从"卧槽"到"跳槽"的切肤之感吧。

而正是这种实用语文使用者情感体验的高度投入和融入,构成了"术语出圈"这类修辞的语用基础——有了它,联想才成立,关联才新巧,想象才别致。

"心跳"跟"字节跳动"不是一回事儿,"生命"跟"工资"也不在同一逻辑链,可这几个意象各自出了圈儿,就有了打工人的另类心声:"心脏和字节只能有一个跳动,生命和工资只能拼一个多多。"

"真相比小说更诡异,因为虚构是在一定逻辑下进行的,而现实往往毫无逻辑可言。"马克·吐温这番话,正可借用为"术语出圈"的逻辑再生——

当既有逻辑被置放于另一类因果背景,出(lìng)圈(cún)这个动作本身,便会自动刷新原逻辑……这样看,"我是营养跟不上才当上不良少年的"这句俏皮话,说得像是营养问题,又不仅仅是营养问题。

072

"诺吹"一词专指"导演诺兰粉丝","黑粉"就叫"诺黑"。"诺黑"好理解,"诺吹"有点儿绕,"吹"是"吹捧"的意思,粉丝命名不用名词用动词,不常见。

"诺黑""诺吹"之后,又衍生出"原生诺黑""变形诺黑"等民科味儿十足的各类专用词,令外围群众难得要领。

追捧本土偶像,粉丝群命名多与食品相关,如玉米(李宇春)凉粉(张靓颖)盒饭(何洁)等,取譬凡俗,土味十足。从超女时代至今,把本土粉丝们聚一起,摆个全品国民宴,估计难度不大——有荤有素,有热有凉,有红案有白案。

硬要找规律,谐音和萌化是其基本套路。当然,也可以随随便便。"tfboys"合称为"四叶草":王俊凯个粉是"小螃蟹",王源个粉是"汤圆",易烊千玺个粉是"千纸鹤"。同一个组合,粉丝群冠名完全任性,亚文化语境里,没逻辑即逻辑。

073

2014年的某个重要时刻,一些城市投票站忽然没电了,线路中断致使选举进程被迫中断。事后,官方解释说,停电是因为"有猫溜进配电房弄断了电线"……媒体有关土耳其地方选举的这则消息让一些语文爱好者莫名兴奋,他们认为,那个土国事故似乎更契合北京土话"猫腻"的本意:是马脚,是漏洞,是不合常理。至于土国的现实怎么就暗合了北京土话"猫腻",没人在意。

074

"我们"表复数,可有时人们嘴里冒出的那个"我们",要么有"我"无"们",要么有"们"无"我",说顺了嘴,借"我"说"们"或借"们"说"我"。在后一种情况里,"我们"看上去是复数,其实是单数。

当那些高音阔嗓、动辄上下五千年的演讲者左一个"我们认为"右一个"我们希望"时,尤其可疑——这时他说的多半是"我",没"们"。

不过,"我们"的"们",跟英语里"S"那种复数标识符比,存在感甚微,也只在诸如"爷们儿""哥们儿"之类的特色搭配中,"们"才显现出一丢丢英武之气,更多时候,谁会把"咱们"之

"们"当回事儿?

解释国人为何不习惯说"我"而喜欢说"我们",我尚难胜任,可对代词"我们"的遮蔽性、欺骗性,却总感不安——张口"我们",闭口"我们",谁知道他们说的"我们",到底是"谁们"?

"说'咱们'才是'我们',说'我们'其实是'你们',说'你们'就算是'他们'了。"这段玄论是在某社交媒体上看来的,在"们"与"谁们"的躲闪腾挪里,神异有之,刀光剑影有之。

075

《如何阅读一本小说》的第八节,讲"时间的波纹",作者托马斯·福斯特盛赞狄更斯《荒凉山庄》的开篇——那个开篇长达5页,无角色出场,无狗血楔子,只有以雾为主题的景物描写,要是拍电影,就是个凄苦、荒凉的航拍长镜头。

语言也是镜头,语言的转接也用蒙太奇,伟大作家跟伟大导演做的是同一件事:无中生有,有中生奇。

076

菜谱常用词"少许""适量"属模糊量词。"少"到多少"许"、"适"到多少"量",人家没说,得猜。语法书多将模糊量词归入"模糊语言学",规模宏大,光模糊量词,就有"计数模糊量词""计量模糊量词"等很多分类:"一群孩子""一群马"中的"群","一串手串""一串脚印"中的"串",是"计数模糊量词";"一团和气""一团云彩"中的"团","一片风光""一片真心"中的"片",是"计量模糊量词"……这种细微分类,让模糊更模糊——至少比"少许""适量"之类更模糊。

077

走到屠格涅夫笔下后,流浪狗"木木"被文学化,变成人类的伙伴,变成哑巴格拉辛孤寂人生的陪伴者、见证者。如果屠格涅夫不是文学家,情况就会不同——在科学家眼里,狗就是狗。

"一条鼻子灵敏的聪明的狗能根据气味跟踪一个人,穿过开阔地,并能把这个人的踪迹跟其他人的区别出来。不但如此,狗还能发现一片玻璃载片上很淡的人的指纹的气味,并能记住这片玻璃,在长达六个星期之内、气味消失之前,从其他玻璃片中嗅出这一片。另外,这种动物还能嗅出同卵双生子的相同气味,并且交叉地跟踪两人的踪迹,好像那些踪迹是一个人的。"

上面的文字出自《细胞生命的礼赞》一书（湖南科技出版社，1992,32页），跟屠格涅夫大相径庭——托马斯·刘易斯笔下的狗是条"科学"的狗。

文学的狗、科学的狗，不是网间上蹿下跳的单身狗、加班狗、考研狗……跟文学的"木木"和"鼻子灵敏的聪明的狗"比，单身狗、加班狗有点可怜。

078

泛化后,"毒舌"主要指那些难听的话,当然,它也顺带形容一种性格:说话刻薄、刻毒、尖酸、阴损……往好听了说是眼里不揉沙子;往难听了说是鼠肚鸡肠,一包粪也存不住。

"毒舌"一词的来源说法不一,有人说它是日文汉字,有人说它是"出口转内销"——成语"赤口毒舌"一词早已有之,其语义跟"毒舌"大致相符。

不过,将"毒舌"等同于"赤口毒舌",仍有不妥——作为基于ACGN(动画、漫画、游戏、轻小说)语境的"毒舌"虽然也是对说话特点、人物性格的描述,可已"毒性"大降,人神无害。

一网友说:"听了郝云的《去大理》就闹着去大理,听了赵雷的《成都》就闹着去成都,那你真的应该好好听听腾格尔的《天堂》"……这种基于ACGN语中的"毒舌"已近于娇嗔。

079

学者温锁林先生发现,话剧《雷雨》人物对白里的第二人称使用频率很高——在描写两个家庭、八个人物、三十年恩怨的这出名剧里,第二人称,或"您"或"你",锱铢必较,都有说道。

四凤称呼父亲,用您84次,用你13次,称呼母亲,用您91次,没用你;周萍称呼蘩漪,用您5次,用你147次;鲁大海称呼母亲,用您22次,称呼鲁贵,37次全用你,没用您……四幕话剧下来,你来您往,都是讲究。

"这些用法乍看不相宜,细想有道理,完全适合剧情的发展,曹禺先生通过人物对话中你和您的超常使用,把人物之间微妙的心理变化、复杂的身份角色表现出来,起到了出神入化的表达效果。"(《语言与语言应用》,中国社会科学出版社,2003,218页)……温先生是有心人。

一般而言,用你的时候,双方关系更多亲近。孩子打酱油了,你跟媳妇扯闲天还您您的,太生分了;用您的时候,双方关系多有隔膜吧。交浅言深不妥,谬托知己唐突,那就客气客气。礼貌即距离,距离即半熟,半熟才敬重,人们常说的"敬而远之",大抵如此。落实到字形上,心远迢迢,你字下面加了层小"心",多了个"心"眼。

"您拥有湿抹布的气质和银行小职员的外表"——这句刻薄话出自英国独立党成员奈杰尔·法拉奇(美国《外交政策》杂

志,2010)。那年,怒怼欧盟理事会常任主席赫尔曼-范龙佩时,他忽然和颜悦色,阴阳怪气。

让人印象深刻的,当然是"湿抹布"定义了"气质"、"小职员"定义了外表,可更让人惊喜的,是译文里那个"您"——它实在突出,实在扎眼。一个司空见惯的第二人称,既让嘲讽指数瞬间飙升,还制造出一番恭恭敬敬的羞辱,这"心"用得委实了得。

080

陈村有句刻薄王安忆的话很有名。他说,王安忆的小说太琐碎,"穿一条棉毛裤可以描写两千字"。王安忆不以为然,还常在文章里转述这句著名的刻薄。1985年王还不很红,陈写过短文《有一个王安忆》,说:"(王安忆)其实是好斗的,只是被自己压抑了。再说,她的对手往往是不真不假地在'嬉皮'着,也使她无从下嘴。记忆中,她从未与谁开过玩笑,拿她开玩笑的却不在少数,她也经得起。"

王安忆应该很自信基于自我文学观、世界观而穿了"两千多字"的那条棉毛裤——就像今天的80后、90后自信"猴赛雷""城会玩""请允悲""抄技百""语死早""李菊福"等极度压缩的表述法一样。生活变迁,语言表达的松紧快慢、急缓张弛,也随之而变。信息表达松散,叙述腔调悠长,多半是农耕文明生活形态的文字倒影,而峻急、压缩式信息的拼贴表述,则拜网络时代所赐。

显然,"城会玩""请允悲"之类的三字压缩短语规范性差、通用性低,成词逼仄、抽象。不过,与这些劣势同在的,是它们在社交生活中的经济适用,而这正是这类新词流传广泛的第一动因。管他什么语法,管他什么规则,只要不是正规场合,好用就好;而一俟登台演讲、接受采访,"活久见"就匿了,"你谢见"就闪了……见人人话,见鬼鬼话。

081

内地"年度汉字"这事儿鼓捣有十来年了,日韩新马英美诸国做得早些。

2018年底,马来西亚年度汉字选了"变",台湾地区选了"翻",内地年度汉字选家较多,民间年度汉字评选更奇葩——居然以自造汉字归纳2018——由"穷"和"丑"上下拼接而成,读"qiou"。

这个无中生有其实不难理解——"穷"+"丑"虽生硬叠加,可大家却能秒懂,这就是一针见血吧?这就是一字扎心吧?只是它怎么能念"qiou"?它的最佳读音不就是"wo"和"ni"吗?杠精的每次抬杠,都为这个子虚乌有的汉字增加了新语义。

这个字形自攒、语义自撰、读音自创、无中生有的"qiou",其共鸣主要基于共情:"第一次遇到生字不需要查字典就能明白它的意思,这是多么痛的领悟。"这则高赞点评是赞美造字者的智慧,也是赞美中文象形文化的神奇。

"敲空米缸唱戏——穷开心""叫花子玩龙灯——穷开心""饿着肚皮说闲话——穷开心"……相比俗语里的这些穷族先辈,现在的所谓"穷",更偏重意绪郁结:既然找不到称手的现成语文宣泄悲欣交集,那就索性造个字呗。

082

随笔集《台湾念真情》里嵌入的"念真"二字,粗看细察两相宜。粗看是"念,真情",动宾短句;细看是作者"吴念真"之名,是"念真之情",偏正词组。

起先,一直以为吴先生是位女作家,"念真"二字被我想当然理解为"念珍",后来才知错得离谱。

《台湾念真情》读完才发现,去过几次的台湾,依旧陌生——那一次次行色匆匆的打卡式往返,浮皮潦草,恍如一梦,用吴念真的话说,那记忆"甜甜的,松松软软的,每个细节都是膨胀过的……可是却填不饱肚皮"。

083

作家金宇澄认为:方言小说并不是将方言照直写进小说就可以,比如上海话的"侬"(你),《繁花》就没用。他认为,尤其那些非上海读者,每页纸上都要不断看见这个第二人称,会不习惯。"因此,我去掉了它——整部《繁花》,没有用'侬',我做了转化,比如改成直呼其名。"在小说里,金宇澄用上海人连名带姓直呼其名的语用习惯,替代了可能会让非沪语读者不适的第二人称词(侬)。在有关方言文化的讨论里,金宇澄更关注非沪语读者的阅读体验,在不妥协的方言坚持与上佳阅读体验的平衡上,他的尝试很有建设性。

作家程庸写《官窑美人》时,整部长篇里没用一个"的"字,这跟金不用一个"第二人称"的努力很像,是张扬语文个性的自觉,是探究语言接受、语言体验的自觉。这类作家太少了。

084

把"烟屁股""报屁股""车屁股"之类搓堆码放完毕,反倒了无生趣了——"屎尿齐飞"不过是童年美学的一种,成年仍以此为乐,"成年"之成,忽然可疑。一般而言,告别童年的过程,是心智的成熟,是美学的精进,"屎屁尿"美学挥之不去,怕也算病。

"烟""报""车"后面的"屁股"不是同一个"屁股",硬要找相同,无非都从名词变身形容词,且都选用"屁股"的次要义项——末端。"烟屁股"是烟尾,"报屁股"是报尾,"车屁股"是车尾……或"横"或"竖",都在"末端"。

北京话常把"烟屁股"说成"烟屁",被吞掉的"股"是因为吞字连读(类似"西红柿"吞音后的"凶事")还是因为习惯性省略,说不清。若为后者,"报屁股"咋没略成"报屁"?"车屁股"咋没略成"车屁"?更说不清的,是书面语"臀部"为何从未参与组词,拼接出"烟臀""报臀""车臀"?

"臀"字的笔画比"屁"多很多,虽同指"猿猴和人类盆骨部分后方的浑圆部位",就方便快捷而言,"屁"胜"臀"败,就书写正确率而言,"屁"赢"臀"输。智能手机对人性懒惰娇宠的同时,也是对记忆力的返祖式改写——繁体字测试里的那道试题说:请用繁体字写出"憂鬱"……别说默写,抄写好几遍,还会错。

豆瓣上有人问：为啥香烟最后的部分称为烟屁(2010)？答者直接干脆：因为它臭！不过，所谓"臭"，也是千差万别，百花齐放。榴梿跟臭鳜鱼就臭得个性鲜明，用鼻子就能分清楚，而不用像科学家那样用化学公式。

民谚说：穷人气大，富人屁大；俗话说：烟屁劲大，穷人命大；谚语说：烟锅巴劲儿大，穷人脾气大……这组基因相似的民间语文，虽然喻体五花八门，可主体仍旧高度相似——修辞如此繁盛，姿态何其恣肆，而那一团团诙谐包裹的，是无助，是悲苦，是哀号。

"弹尽粮绝"时，烟屁也是好东西，它的味道神奇诡异，猛烈而寥落,那是一种生命末日的绝望感混杂着渐渐失控的毁灭感。那种苦麻酸涩交织的腌臜,神似人生暮年鲜为人知的寥落、荒凉与凌乱,不说也罢。

"烟屁"也叫"烟头",一根烟的同一身段却有一"头"一"尾"貌似相反的矛盾命名,委实奇妙。也许,叫"烟头"时,尼古丁饥渴症患者是打算凑合着再嘬一口;而叫"烟屁"时,则已心生倦怠,只待遗弃。

085

自造词"优剩女"容易被误听为"优胜女"。还好,这个词我是"看"来的。对同音字众多的汉字文化而言,"听"者多疑——"优剩女"的本义是"优胜剩女"?晕。

我猜,这个词多半是好心人在熟词"剩女"前加了个"优"字演变而来。相对于"剩女",它依旧是对女性个人生活状况的细分,心思缜密,选词褒义,可完成的,依旧是细密的刻薄。

它貌似拨乱反正,貌似政治正确,貌似性别平等,可即便被"优"字的褒义裹挟,依旧"剩"下……这个"千人居北佩着刀"的"剩"字,果然像刀。

"他那来源于不名誉的名誉依然如故,而那并不诚实的诚实仍保持虚伪的忠诚。"桂冠诗人阿尔弗雷德·丁尼生的这些诗句,也是在写那种名实霄壤、语义对立的尴尬。

相比而言,"优剩女"的平民性、世俗性、贴近性一望而知。它离我们很近,离日常很近,离一地鸡毛很近。

它记录我们平庸岁月里骄傲的惶然,仓促的傲然,服帖的抵牾,它跟"史诗般拥堵"(2010)"维修式拆除"(2012)"报复式好评"(2015)"平庸的盛世"(2016)等等一模一样。

它属于我们,属于我们的挣扎和纠结,属于我们的劫难和荣耀,属于我们"精雕细刻的虚荣"(《罗密欧与朱丽叶》)和"震耳欲聋的沉默"(陈粒《多多流意》)。

086

得知"话痨"的远房亲戚原来是"酒痨",很意外。(《近现代汉语词源》上卷,842页。)不过,虽然二者词根都是"痨",但酒痨之"痨"是本义(结核病俗称),话痨之"痨"是比喻。这一比对,忽然明白,"话痨"远非通常所谓"话多",而是宛如痨病咳嗽起来没完没了那样,没完没了地聒噪,没完没了地亢奋、鸡血、自嗨……较之骨痨、馋痨、童子痨等痨病,"话痨"虽不致命,却万分劳神,不易断根儿。

087

语文研究的"样本句"也是"标本句",假如语文表演是个T台,样本句就像模特,一群样本句,就能组建个模特表演队……样本句们接商演吗?

印象较深的那个样本句跟平谷话有关。阴平、阳平调值与北京普通话读音相反,是平谷话发音的最大特点,用样本句展现这个特点,即:"墙上挂着一杆枪"在平谷人嘴里,变成"枪上挂着一杆墙"。

某人去河北某地买锅炉:"您家有炉子吗?"店家有点懵:"撸子没有,左轮儿要吗?"无奈,某人找小馆点餐,想吃点东西继续找炉:"一张饼,疙瘩汤!"不一会儿,服务员端上一张糖饼,

"怎么是糖饼?""您不是说,一张饼,搁点儿糖吗?"

平谷网友寒山讲述的这两个段子,也在讲平谷腔阴平、阳平的调值互换,但相比"枪上挂着一杆墙"那个样本句,稍嫌复杂,对现代传播尤其网络传播而言,简要才有效。

"在西安,如果你深入西大街的回民聚居区,可能有机会听到回族家长在教育孩童时说这样一句话:'哈瓦尼劳叨不听话,伊斯纳尔行匪。'……西安回族的这句口语,简直就是回族话的一个缩影,通过它,我们发现了一个基本的事实:在回族话中,夹杂着阿拉伯语、波斯语以及属于突厥语的维吾尔语等语言的词汇。"(杨占武,《回族语言文化》,1996,28页)

杨先生的这段阐述里,"哈瓦尼劳叨不听话,伊斯纳尔行匪"也是个样本句。这个样本句听上去完全不懂:哈瓦尼——动物,引申为小家伙、小鬼,源自阿拉伯语;劳叨——调皮,滑稽,源自波斯语;伊斯纳尔——又,偏要,光,源自维吾尔语;行匪——干不该干的事,句中指淘气,源自古汉语。

看来,西安回族语文"兼收并蓄"的特点,有了"哈瓦尼劳叨不听话,伊斯纳尔行匪"这种样本句,更容易说清楚。有了它,阐释透彻,比拟形象,还原到位——多语源是它丰赡迷人的原因,而正是其内涵波斯、突厥、阿拉伯、维吾尔等多种文化的特质,让回族语文景深斑斓。

图画书《脚鱼》书名自带歧义:长脚丫的鱼?带脚环的鱼?套上脚蹼能仰泳、会蝶泳乃至自由泳的鱼?……其实,只要把"脚鱼"俩字快读(脚鱼、脚鱼、脚鱼……),即已接近答案。

网上热传的那则视频里,郭德纲抱郭汾阳上台,于谦手边放个毛绒玩具:"叫师傅,叫师傅就给你!"犹豫半天,郭汾阳小声嘟囔出俩字儿:"狮虎"……《脚鱼》里的小姑娘跟郭汾阳将"师傅"说成"狮虎"一样,"脚鱼"即"小鱼"。

这种发音模糊会被实习医生诊断为发音吐字口语病?不是没可能,碰上个较真、炫技、轻狂的毛头大夫,过度医疗(误诊)易如反掌,甚至"脚鱼"之类的读音被指认为舌面音(j q x作声母的字)吐字异常,也有可能。

哪怕一位实习医生,大惊小怪,非把"脚鱼"诊断为"舌面音"吐字异常,也不奇怪。他们越专业,世界越无趣。

"脚鱼"多美,多好。脚鱼是孩子的语法,是童真的世界。在它五彩缤纷的异世界里,"脚鱼"(小鱼)、"小挠五"(小老虎)、"大鳄驴"(大鳄鱼)、"墙紧怒"(长颈鹿),活蹦乱跳。

"秋裤人"一说不够直观。它描述的,是我们身边那些颜值简陋却温厚待人的人。喻体"秋裤"普通寻常,能将"丑"与"暖"这种矛盾的寓意相安无事整合到一条平庸、实惠的秋裤里,也算异想天开。

"秋裤人"一说漏洞百出。既"丑"且"暖"的组合有意忽略"颜值简陋"(丑)的评价标准——"陋"到怎样是丑?"暖"到几度是暖?丑到阿西莫多?暖到刘慧芳?忽略语义精度的瑕疵,让"秋裤人"这一概念非常模糊。

"秋裤人"一说土味盎然。从"秋裤人"到"滤纸型人格",从"驴牌"到"副驾权",从"兰州烧饼"到"多喝热水",不管现汉收录与否,无论后人睬与不睬,在当下语言生活中,这些滤纸、副驾或烧饼们,都刻录着我们的日常——粗鄙,寒酸,锣齐鼓不齐。

也许,作为快消品的流行语,大约也只能"比拟"个大概:用秋裤划分人之不同,用滤纸比拟命途多舛,用副驾描画权力位置……虽有欠严谨,却鲜活有趣。不"现实"到"滤纸""秋裤""副驾",非怀旧成老舍笔下的护国寺、隆福寺、小羊圈胡同,00后们到哪儿去找想象资源?

"燃"与"烧"语义部分重合,但它跟电影(2008年东北林业大学出品的一部电影叫《燃》)、App(2015年上海某科技公司开发的一款健身App叫"燃")、流行单曲(1987乐队演唱过一首歌曲叫《燃》)不搭界……括号里的各种,纯属巧合。

少年嘴里的"燃"跟老辈人眼里的"激情"意近神远。从"点燃生命"层面看,二者很近;从"生命何为"层面看,二者很远。对00后而言,"激情燃烧的岁月"(电视剧)那种"燃"很陌生。

"很燃"是ACG文化(动画、漫画、游戏总称)里的一个品类或关键词。在新人类看来,"燃"是"热血",是"亢奋",是"昂扬",波及日常。"燃"衍生出"燃文""燃款",在这个语境里,它跟熟词爆款、网红款之类,已属近邻。

"燃"与"激情"乃至"激情燃烧",更区隔的是气质——"燃"无法约等于"一腔热血","激情燃烧"也很难接近于"燃爆"……在语义衍化进程中,时间伙同代际更迭,不动声色,安排一切。

091

"语言任意性"概念里的"任意",应该还包括符号选择的当时性、当地性。简单说就是,趁手、趁热、趁便,就地取材。

中国作家说"死马当活马医"(夏敬渠《野叟曝言》),挪威作家说"以无济于事的方式无济于事"(阿澜·卢《我已经结婚了,我心情还不好》),前者口语,后者书面,前者活络,后者文气,可二者内瓤高度相似:绝了望,可还有一百个不甘。

不过,因此认定这般"貌离神合"的"绝望感"即跨文化通感,也太牵强。撑死了,它只是一种跨时空撞衫。进入商业社会,很多貌似"任意"的命名,看似野性十足,其实心机重重。

2007年,多家世界顶级品牌合作研发出一组复古风泳装,它不追求露而追求藏,不是追求时尚,而是复现经典,研发者还特别为这组暴露指数几近于零的泳装起了一个新名称,叫"池畔礼服"。

这任意"任"得古意盎然,可仔细想,它跟北京某公寓电梯女工自称"垂直交通管理总监"异曲同工——名之"礼服",藏了傲娇;自称"总监",满怀自卑。

《表演与偷窥》(小白著,上海译文出版社,2012)看上去轻松随性,可字句之下的学术肌理繁复精密,我甚至怀疑"医学"才是作者更重要的兴致——谈笑风生之侧,布满柳叶刀般精雕细刻的缜密。"以荣耀的叙事令自己在别人的叙事中荣耀"这一句,是他赞美别人的妙语,用来比拟自己举重若轻、缜密精细的文本,也妥帖。"荣耀"句中,套叠着含蓄的嘉许,敬意、惊异以一种委婉含蓄的方式洇渗而出,像那句名闻遐迩的"花谢花飞飞满天",简中孕繁,云淡风轻,矜持且深切。

093

流行热词"蚌埠住了"是俗语"绷不住了"的谐音记字版,约莫出自键盘选项错误而导致的误植,将错就错,反倒大行其道。

与惯常描述失控状况的流行语词不同,"蚌埠住了"带有双向自定义的弹性:它可指精神受挫、难以自持、行将崩溃时的哀号,也可指遭遇奇葩、旁观脑残、失控狂笑时的慨叹——

这后一种语义维度,让其基础语义(绷不住了)可悲可喜,可崩盘,可爆笑,其喜感爆裂的传染效果远超笑声罐头之类。

说到"belly button",乔志高先生说,这个直译为"肚皮纽扣"的词,是"肚脐的俗称"(《听其言也》,世界图书出版公司,2002,67页),"衣裳的纽扣多半小小圆圆的,与肚脐眼状似"。与之相近,"交际花"(social butterfly)的成词,也走象形一路,直译是"社会蝴蝶",这个"象形"让人脑海里瞬间飞出好多云鬟霓裳的大蝴蝶——陈白露、小凤仙、川岛芳子她们算社会蝴蝶?

从"肚皮纽扣",到"社会蝴蝶",回溯性地揣度直译,也能帮我们更好地理解意译,就好像由一个人的绰号、花名回望大名——三寸丁谷树皮这诨号跟"武大郎"名号不也正好相映成趣?

095

"目的性颤抖"是一个心理学术语,意思跟俗话所说"穿针心理"很接近,描述那种因过度用力导致的反预期结果——本来不过纫个针,却期待炽烈,全神贯注,结果,本可一线入孔,却心抖、肘抖、手抖,死活纫不进去。

"目的性颤抖"跟徒手画圆圈儿总也画不圆有点儿像。开始画,心理负担小,顺顺当当,可接近收尾,手开始哆嗦,心里堆满的期待、憧憬,全成羁绊,笔不顺了,形走偏了,哆哆嗦嗦大半个圆。

"目的性颤抖"约等于俗话所谓"食儿多了吓走了鸟"。"一个人在骑自行车的时候要是太过自觉,心里老是想着双腿发力如何带动齿轮运转的力学问题,他多半会摔得很惨。"梁文道说的这个"摔得很惨",也是一种"目的性颤抖"。

096

"狗血"已成为恁多社会新闻标配,随便瞭一眼,哪条都爆。一则社会新闻说,广州某事业单位官员腐败之至,连宠物狗的洗澡票也拿来报销。网友闫涛感慨:"畜生也是干部呀!"由此,"别拿畜生不当干部"很快流行。

"畜生也是干部"一句的修辞主要是白描,同时又"咒"得委婉。绕着脖子"咒"是民间语文的长项,官阶升至处级,叫"牲畜"("升处"),副处升至正处,叫"畜牲"("处升"),诸如此类。在这类谐音字替换的文字游戏里,褒贬鲜亮,爱憎立判。

日文里的"畜",语意丰富,多贬义。如日语直译名词"鬼畜"即一例。流行多年后,原本"像魔鬼畜生一样残酷无情"的基础义项逐渐稀释,如今,"鬼畜"的延展义项已与"奇葩""神异""魔性"等非常接近。

熟词"社畜"也如此。该词由日语"社"(会社/公司)"畜"(牲畜)叠加而来,指那些被工作奴役、压榨的工薪族,其语义描述跟中文"程序猿""加班狗"跨国神似,逐渐生发出以自我宣泄为特点的"社畜文化",并在杂糅二次元"丧萌文化"后,稀释其中沉重、压迫的部分,拓展为一种以自黑为标志的自我激励。

中文"畜"无限粗粝,日文"畜"灰暗虚空,在本义之"畜"与衍生之"畜"的空白处,镶嵌着另一逻辑遗产——"精神胜利法"……我都社畜了,我都(程序)猿、(加班)狗了,霉运也该到头了吧?

097

热词"暴风吸入绝绝子"形容对某人、事、物无条件接受、欣赏、赞美乃至叹服,是近年少见的流行语双黄蛋——它将同一时间段内的两个流行语叠加到一起,嫁接出一个新的流行语,神秘而诡异。而当"暴风吸入"所代表的二次元浮夸与"绝绝子"所代表的日系萌软被粗暴拼贴后,其"疯狂吞噬吸收"的基础义项既遮盖上了二次元审美滤镜,又以所谓的中国式网络疯癫,将不顾一切的那种"忘我"充分呈现。

虽有现实镜像投射,可"女汉子"这种性别称谓还是不大好听,就连"女汉子"本尊,也多尴尬——既是"女子",又是"汉子",这个设定太粗陋。

虽有现存境况参照,可"女汉子"这种性别称谓还是歧义多多,让初学者无所适从——那个懵懵懂懂的三岁小朋友,刚刚进入语文听说阶段,耳闻亲娘一口一个"女汉子"时,会做何感想?

虽有对性别刻板标签的挣脱或反动,可"女汉子"这种性别称谓还是褒贬暧昧。从"疯丫头"到"假小子",从"女强人"到

"女汉子",突破性别刻板不假,可它们大多自带细密鄙视,跟"娘娘腔""花样美男""少女系男生"等新语词一样,有洞见,亦多偏见。

099

防盗门上贴满冰箱贴,上面还有张小纸条,写着五个字:"伸手要钱呀。""伸"指"身份证","手"指"手机","要"是"钥匙","钱"是"钱包"……把这几个物件的谐音串成一句话,提醒自己出门带好这几样。

不带身份证,大街上的安检过不去;不带手机,社交媒体上看热闹、领狗粮、刷存在,就别扭;不带钥匙,进不了家门;不带钱包,早点、香烟没法买。小纸条上的 5 个字,每个字都重要。

没想到,"伸手要钱"的"钱"(钱包)很快失效,在支付宝、微信钱包的强势布局下,出门买菜、买饭、刨食儿,已不大需要钱包,毛票儿或钢镚儿的用场,更是微乎其微。晚上出门儿踢腿遛弯儿,顺带买包烟,有手机,都办了。

小纸条上的五个字,"呀"是我后添的。从奔五到奔七,从满口原生,到半口义齿,每有外出,常忘戴假牙——人都地铁了,牙还躺在家。好多次,打电话让媳妇"闪送"义齿,一次好几十,一次好几十……"伸手要钱呀"五个字,"呀"最贵。

"东边日出西边雨,道是无晴却有晴"是老师最喜欢的谐音修辞样本句。我小纸条上的五个字,意外证明谐音修辞也可以很实用。它不是广东话"恭喜发财,利是都来"那种"硬核"实用,可对我这种丢三落四的人来说,用"呀"记起那副"牙",很方便。

100

身势语也叫体态语,在口语交流中二者容易混——"身势"容易被听成"身世","体态"容易联想到"丰满"……语言惯性即思维惯性,语言活跃者,思维多半跳脱不安分。

在互联网时代,身势语的有些功用已被表情包替代,尤其是那些跨代际、跨民族、跨文化的身势语,甚至成为全球共情的符号。2015年11月,《牛津词典》年度词汇评选揭晓,选出的那张"哭笑不得的脸",谁还不认识?

《牛津词典》说,"哭笑不得"是当年全球使用频率最高的表情符号,它跨越不同语言隔膜,成为现代人高频使用的"单个有意义元素",既有信息量,也有便利性。

相比传统身势语"胜利V"(举起食指和中指)"倾听杯"(手作杯状置于耳后)"吃饱掌"(手心向下手掌张开从喉咙处向下滑动),"哭笑不得"暧昧得多。它跟"姚明囧"(2012)"括弧笑"(2013)"尔康怒"(2014)"北京瘫"(2016)"葛优躺"(2016)"日本眯"(2016)等新晋身势语(表情包)一起,记录着日益复杂化的现实生活。

辑三

我为我的浅薄自罚一杯。

——稀饭233

101

蛇又称"小龙",《说文·虫部》说:蛇,它,或从虫,本义为长虫,爬行动物,身体细长,有鳞,舌细长分叉,有的有毒,眼镜蛇、蝮蛇、蟒蛇……很多。我感觉,汉字"蛇"的生成,既象形,又会意,还形声——多半跟它灵活多变的属性有关,而其从自然动物到文化符号的嬗变,也多仰仗解读、阐释或譬喻,让蛇的文化属性广为人知。"佛口蛇心""牛鬼蛇神""蛇蝎心肠"里窝着惊惧,"笔走龙蛇""灵蛇之珠""斗折蛇行"中藏着艳羡。

以此类推,那些管蛇叫"小龙"的人,多少心存忌讳——面对神出鬼没,面对阴郁沾湿,仍豪气冲天地"我属蛇",有点尬。

102

促成文本生动化的办法很多是将虚头巴脑的形容词尽量替换为凸显细节的名词,效果明显……前面的"虚头巴脑"这个形容词,就有点虚头巴脑。

作家比目鱼说:"在香港电影院看英文电影,有时需要懂一些最基本的广东话,因为中文字幕常会夹杂一些粤语字眼和广东话俗语,比如 kids 翻译成'细佬'、Home 翻译成'屋企',等等。有一次看电影,台词是'That was a long time ago',字幕译成'那是咸丰年间的事了'。"

将"That was a long time ago"译为"咸丰年间",应该不会有人

追问究竟是"咸丰"哪年,那太煞风景了。传递"long time ago"之类的感慨,具象到符号化的"咸丰","很久以前"的含混立刻生动起来。

103

谐音修辞是语言生活的常客,饭局上,一碗没饱再来点儿,多数人不会说"我要饭"。语文习得经验会自动阻止"要饭"一词脱口而出,当事人会圆融地将"要饭"之意表述为一个常用祈使句:"小二,加碗饭!"

谐音修辞的近邻是拟声修辞——用拟声法模仿人、动物或事物的响动,活跃语感,渲染气氛,调动想象。网络时代,拟声修辞的语用空间拓展迅猛。

"姑娘"变"菇凉"就是一种——这种拟声法表面上源于对典型南方发音(L、N不分)的仿拟,可在交通便捷、人口流动频仍的今天,完整意义上的南方、北方概念已十分含混。

所以,像"姑娘"变"菇凉"这类拟声谐音,更多是对方言发音辙痕的一种仿拟,借此在语言交流中制造一种类似语言小品的活泼——一个活生生的"胡建人"(福建人),一个活生生的"弗兰人"(湖南人),让虚拟寒暄中的陌生甲乙先互赠"咖灰"(咖啡,南普),再互赞"漂酿"(漂亮,南普),至于是否有缘"涌抱"(拥抱,台普),看心情。

将"必须的"拟声为"碧虚滴"也是一种——粗看貌似鸡肋,但或许创制者根本没在意读音。仅看字面,将"必须的"换成"碧虚滴",完成的是一种刻意为之的夸张——相比正确版(必须的),错字版(碧虚滴)夸张地凸显出语用者情绪的亢奋和坚定。"必须的"如果60度,"碧虚滴"已90度。

近似的实例还有"然而"变"燃鹅""这么"变"震么""好吃"变"好次"等,其营造夸张情绪的修辞策略跟所谓"飞白拟声"有点像——在语言生活中故意用白字或别字强化表达效果,故意把"发现"写成"花现",把"我好慌"写成"我好方"……不过是套嵌个白字,就送上了一段方言小品。

"首都"变"首堵"则又是一种——这类拟声修辞"拟声"是幌,"点评"是实。当"验收"被写成"宴收","胸器"被写成"凶器",态度夺目,褒贬立判。时评家洋洋洒洒下笔千言百转千回的所谓"态度",修辞家寥寥数语,白进红出。

这也是所谓"双关拟声",那双关的部分,是情感,更是态度——把"雾霾"写成"雾埋",是惊恐,是呐喊;把"知识分子"写成"姿势分子",是调笑,是揶揄。

104

"他这个人很会讲话"是个常见的判断句,非褒非贬,亦褒亦贬,究竟如何,要看语境。当这个判断句是赞许时,"很会讲话"也需拆解,是情商高还是看人下菜碟?是很江湖很社会?还是很专业很学术?仍难斟酌。

当然,"会讲话"也有可考可察的一面,比如词汇量。词汇量太少,很难"会讲话"。说得再细点,同义词词汇量、近义词词汇量,才是核心要义。社交生活中,近义词词汇存量局促,难免言语粗简。

有些近义词的差异容易区分,比如"美好"和"美妙","枯萎"和"干枯"、"宽敞"和"宽阔";有些近义词差异微妙,比如"纾解"和"疏解",二者读音相同,可"纾解"是虽有缓解却仍需继续,而"疏解"是已经释然,完全解决。"纾解"好比"恋爱了",可还要继续约会——吃饭、遛弯、看电影;而"疏解"的意思是"谈"得差不多,可以订婚戒、办婚礼了。

近义词里的那些细微之别,是语言交流得体的基础。近义词够用,讲话才会讲究。

跟长者互动,"老年斑"换成"寿斑"才妥帖;跟恋人促膝,"体重感人"换成"富态"才讨喜;前男友莫名其妙怼过来,你先把"衣冠禽兽""人面兽心""斯文败类""城狐社鼠"之类的近义词倒背如流,才算是兵马未动,粮草先行。

105

花边新闻多用于补白,不过,补白大王郑逸梅恐怕没想到,现如今,花边儿已成媒体硬菜。2012年11月某日,在网上看见个"另类离婚"排行榜,位居榜首的是位任性怨妇,离婚理由是"因为他妨碍她阅读侦探小说并在每本书的第三十页写上杀手的名字"。

凑巧那一天是"国际宽容日"(11月16日),这巧合让人惊叹,原来"择日不如撞日"这类俗语竟暗含神谕。那些被"纪念日"特别强调的,尽为稀缺:到处冒烟,才会有"世界无烟日"(5月31日);举世苦眠,才会有"世界睡眠日"(3月21日)……

低调即强调,强调即稀缺。

106

"召唤结构"(德国学者沃尔夫冈·伊瑟尔)是接受美学的范畴之一。与题旨清晰、结构闭合的作品不同,寓意斑驳的作品,尤需"召唤"。它留白,召唤读者调动经验;它不确定,召唤读者编织幻觉。它需要读者积极参与——参与编织、联想、比附,参与节外生枝、浮想联翩……它是基于想象、歪曲、改造、延展乃至牵强附会的另一种"接受"——基于重整、重造的一种"接受"。

2015年秋,锤子科技发布8款文青版坚果手机,其背壳配色分别命名为远洲鼠、落栗、苏芳、石竹、枯草、柳煤、竹茶、靖青瓷、鸠羽紫。在大多数手机颜色冠名还停留在大众审美语境时,这种配色创意让人印象深刻。跟满目"海鸥灰""商务黑"

"珍珠白""土豪金"比,"落栗""苏芳""石竹""柳煤"之类,即为日常语言生活中的"召唤结构"——"召唤"辽阔的色域体验,"召唤"丰富的视觉观感。

以此反观日常实用语文,贩橙大嫂在硬纸板上写的那句促销语(比初恋还甜)是召唤结构,卖旧书的淘宝店家写在快递单上的那句奉承(快递小哥接收快递的客户是国家栋梁之材)也是召唤结构,它们就像钱锺书笔下的"鲍小姐",一会儿是"熟肉铺子",一会儿是"真理",一会儿是"局部真理"。在召唤结构的号令下,接受者的想象、智慧、经验与审美轮番启动,一点不闲着。

107

郑谷的《杏花》(不学梅欺雪,轻红照碧池)和温庭筠的《织锦词》(象尺熏炉未觉秋,碧池已有新莲子)里都用过"碧池",这词半生不冷,望文生义,猜个大概。

"碧池"成为英文单词"bitch"的谐音汉字(2013)应属意外,二者连缀,"碧池"的词义瞬间恶化,"碧池"的美意寿终正寝。

跟"拜拜"(bye-bye)"害哦扑"(help)"噢买尬"(oh, my God)等谐音汉字(注音标字)不同,"碧池"与"bitch"完成的是完全相反的符号意向——碧(绿)池(水)描摹春色美景,"bitch"自带歧视侮蔑。

谁想,又一个汉语词组被污的慨叹余音犹在,语文情报陡变——2016年8月,里约奥运会女子双人十米跳水决赛,令记者和观众惊讶的是,赛场泳池看上去就像一湖"碧池"。一位德国跳水选手向媒体抱怨说,那天整个游泳馆"闻起来像一个巨大的屁"。

中文网络语境里用作"坏人""贱人""婊子"谐音汉字的"碧池",一瞬间,被这个"巨大的屁"拉回了"碧绿之池"这一常规义项,有点突然。

这当然不算"词义优化",可这样的"碧池"总算与本义接近少许。未来"碧池"的运道是否像"刚逃离粪坑却又落水井"(钱锺书语)那样跌宕,不好说。

108

短篇小说《虎狼》后半段,寡妇四娘穿过地下小商场的情节推进有点慢,作家阿乙用1000多个字罗列各种小商品,以此完成四娘奔赴生命之终的最后一"穿":礼帽、毡帽、韩版针织帽、披肩、围巾、不锈钢锅、折叠桌椅、扫帚、拖把、墩布、围兜、桌布、毛巾、碗、碟、葵花子、外号叫牙签的葵花子、西瓜子、南瓜子、水煮花生……一共178种。

这178种小物件均为寻常俗物,却被作家调遣集合,成为四娘生命终曲的衬景,混合着畸变、象征、比拟等复杂意味的互文,难以名状,轰然而至——那不是七环外的小镇喧哗,不是八环外伪农耕时代的淳朴,而更像一种日常化的绝望或格式化的辛酸,酸到辣心、辣肺、辣眼……当然,这些不过是我在那178种小商品的缝隙里塞进的联想,阿乙什么也没说。

小说语言的组织、营造、打磨,阿乙舍得花心思,用的是"两句三年得,一吟双泪流"的笨功夫。在"语不惊人死不休"的探索冲动下,在比"冲动"复杂、斑斓的文学耐心的辅佐下,阿乙用自己的文学语言,在信息消费碎片化的语境里辟出一条奢侈的语言小径:它小众,它个人,它文学……没有语言的奢侈,文学的奢侈只会子虚乌有。

以178个名词的语言阵仗铺排四娘的赴难背景也足够奢侈。《虎狼》一篇里,近似的奢侈还包括连用14个比喻描摹四娘长子俊锋永无停歇的咳嗽——阿乙为此呈现的语言汪洋,甚至"反文学",可经由这种"反动",阿乙完成了一个奢侈的文本实验,让《虎狼》变成仅凭"语言"即可独立欣赏的一部"文学咳嗽":"像动物的哀号","像明目张胆的谋杀","像水银在封闭管内冲突","像两列火车高速摩擦彼此的残骸"……

最终,阿乙和俊锋一起,"咳出一小节蚯蚓、一条黏稠的虫子、一团黑影或一口红旗般艳丽的血"。在语言探索驱动下,文学的繁复冲垮情节俗套的藩篱,满溢出恣肆横流的意义指向——四娘用一把"生着黄锈的红塑料柄切肉刀"了断自己。阿乙用细密的铺陈,将四娘的一"刀"与围观者的麻木缝合到一起——那缝合同时也是撕裂,像呜咽,像怒号,"像早上升起的国旗,被卫兵戴着洁白手套的手猛然抛洒出去"。

109

不少俗语的语义边界跟成语挨得很近,像孪生,像基因遗传。俗语说"疑心生暗鬼",成语说"疑神疑鬼";俗语说"挨了一闷棍",成语说"当头棒喝"……这话那话间,俗语、成语互文彼此,镜像彼此。

不少成语是俗语的约简,不少俗语是成语的扩展。"大难不死必有后福",裁掉后半截,就是成语(大难不死)……"八仙过海各显神通""秀才人情纸半张"等,情形相似。也难怪,不少成语本就来自俗语,从俗语变成语,无非意义指向突围既有语境,组合格式趋于固化,符号代码约定俗成。

不少成语跟俗语意同形异。俗语说"行得春风有夏雨",以自然节令的更迭比拟人情世故的往复;而成语聚焦花间桃李,说出来变成"投桃报李"……话语有别,可讲的都是人情交互,互助互惠。俗语并不都俗,成语也接地气。不过,在陌生人社会的"陌生"越来越"陌"越来越"生"的当下,仍奉行"行得春风有夏雨"社交原则的,还多吗?

成语未必高深,俗语未必浅白。时过境迁,有些俗语已显高冷:"打肿脸充胖子"当然够俗白,可像"睡倒了不烧爬起来烧"这种,虽然每个字都认识,可到底啥意思?不好猜。

原来,句中的"烧",意为"发烧","睡倒"是湖北方言,意为"躺着",原句字面意思说,躺着好好的,却非爬起来"发烧",而这番意思用成语说,就是"自讨苦吃"(《成语俗语对照词典》,李俊群编著,中国地大出版社,197页)……在现代人嘴里,这"睡"这"倒"这"爬"这"烧",就是常言所谓"作妖"吧?或者更简单,一个字"作"?好像也可以。

110

单字"党"的基本义项有三:一指以政治目的为纽带组成的团体,常用词如党派、党团、党阀等;二指因意见、意趣、爱好趋同或因私人利害相关而组成的团体,常用词如党羽、朋党、死党等;三指亲族群落,常用词如父党、母党、妻党等。"党"的雪藏义项有二:一是作为姓氏的"党",不常见;一是作为古代地方组织(五百家为一党)的"党",这一义项已基本博物馆化。如今朋友圈里数目过千的社交达人数不胜数,"五百家"不算啥。

网络时代,"党"字的既有义项排序也有松动,它与互联网的快速成长相伴随,流行语里的"中指党""键盘党""转世党""剁手党""表情党""鞭炮党""哈哈党""外貌党""翻书党""点赞党""标题党""沙发党""酱油党""寂寞党""月光党"乃至"一分不送党"等,其中的"党"字,"群落"之义原本靠后,与"执政党""反对党""在野党"等靠前义项更不在一个频道。

这些"党"无党章,无党徽,无党旗,无党纪,不交党费,也没机会给自己过生日,他们不过是志趣相投行止趋同的一类人。可见,所谓多义词的义项排列规则(历史顺序、逻辑顺序、频次顺序)也不是一成不变的。规则就像车窗,车移景换,时而妩媚、暗黑,时而明丽、苍凉。

111

"卷心菜"成为网络流行语,怎么想都觉得有点牵强……但看完重新定义的定义项,疑问、不解、惶恐,或稍缓解。新定义说,被迫参与内卷,但因为心里不想卷,导致看起来很菜的那些人,即所谓"卷心菜"。

被重新定义后,"卷心菜"不再是十字花科芸薹属植物的甘蓝,不再是基生叶多数、质厚、层层包裹的扁状球体,不再是粤菜系名菜"卷心菜洋葱汁",也不再是湘菜系名菜红白相间麻辣鲜香爽脆清甜的"手撕包菜",被重新定义的"菜",变成一个喻体:在它后面,藏着一颗扞格难通的心,藏着一个格格不入的人。

112

逗号可以表停顿,可它跟口语表达中的停顿,有时不大一样。"我太太有一次看见窗户玻璃被打,说'他(指猫)把玻璃……'话没说完看见玻璃没事儿,马上改说'没打破'。(如果这句口语表达)没停顿,那它就成了'他把玻璃没打破'。"(赵元任,《汉语口语语法》,商务印书馆,2012,16页)

赵元任将汉语口语的说话类型分为 7 种,这句"他把玻璃没打破"属第 5 种——里面夹杂着表达者的动作过程,夹杂着"有事件影响着或决定着接下去说什么"。正如样句呈现的那样,"猫"的动作改变后,停顿便提供了改变契机,如果没有停顿,"他把玻璃没打破"就成了病句,"停顿"的功用由此显现。

赵元任说,口语交流中,既有"有计划的句子",也有"无计划的句子"。"人们说话的时候,有时候把一个句子(至少是其中主要的部分)想好了才说出去,有时候边想边说,有时候想说成这样,结果说成那样。书面句上的句子总是经过考虑,形式完整,除了有意反着说话。"(《汉语口语语法》,74页)

以此推论,在李诞他们不少脱口秀里,那些听上去"无计划"的句子,其实是"计划"后的"无计划",那些貌似没有排练的即兴、现挂,其实是"排练"过的"没排练",包括表达者不少精妙的口误,其实是伪装巧妙的"佯谬",是策划后的"脱口而出"。只要准备充分,"伪装的即兴"更即兴。

汉语口语研究中,样本句的搜集多有繁难。笨拙却比较可靠的办法,还是"烂笔头"——用笔记下来。"每逢别人说话,我觉得在语法上值得注意,就当场记下来。"赵先生甚至会为交流过程录音,因为"这种自由谈话的录音有一个重要的特点,就是包含节律成分,这在文字材料里是不加表示或只做简略表示的"(《汉语口语语法》,14—15 页)。

搁今天,赵先生估计还会添加"录像",在语言活动中,"表情"也是语言的一部分——相比可以目检、校勘乃至揣测的书面语,口语表达更丰富,更多变,更难预测。答案揭晓前,没人知道哪个停顿里暗藏着杀机,哪款秋波里快递了暗示。

113

"微博"是"微型博客"的简称,仿本是推特。"Blogger"(常规博客)是"Web Log"的混成词。"博客"是音译,意译叫"网络日记"。"博客"一名外,还有过"部落格"(台译)等汉译名,渐不流行。

内地微博兴起,最早是王兴的"饭否"和腾讯的"滔滔",跟随其后的还有"叽歪""Follow5"等,因各种原因,昙花一现,或停止注册,版本停更,或维持现状,形如孤岛,或终止服务,遣散用户,现在还热热闹闹的,只剩"微博"。

十多年下来,微博品质以进步、迭代的方式大踏步撤退,鱼龙混杂,一地鸡毛,其喧嚣芜杂、高歌猛进的构成,意外成为时代的理想伴生物——它是"微表情"(指 1/25 秒左右下意识情绪瞬间),是"微冒犯"(指有意无意地轻视、怠慢、侮辱),是"微性感"(一种有别于直接清凉、直接裸露的着装策略)……

一个"微男""微女"的喧哗世代。

说到谐音修辞,教科书里常用样本句有二:一是"东边日出西边雨,道是无晴却有晴"(刘禹锡《竹枝词》,"晴"谐音"情");一是"春蚕到死丝方尽,蜡炬成灰泪始干"(李商隐《无题》,"丝"谐音"思")。这些例证够俗够滥,可如果拿不出崭新的样本句,就还得用它……

相比而言,民间风俗里那些扔在新婚夫妇婚床上的红枣、花生、桂圆、莲子之类,则属日常谐音语文——用吃食之名谐音"早(红枣)生(花生)贵(桂圆)子(莲子)"的愿景,古旧乡土,像是被岁月包浆过的祈福……不过,六环内的婚礼策划得留个心眼,事先打探好新郎新娘是否奉子成婚;果真,把红枣、桂圆、莲子之类的老理儿悄声免了,是体贴。

"班上来了一个插班女生,自我介绍:'我未必会是最聪明的,我未必会是最美丽的,我未必会是最优秀的'……正当同学齐赞四起,她突然说:'大家好,我的名字叫魏碧慧。'"

这个冷笑话在网上时不时被翻出,看过的觉得乏味,没看过的觉得神异,尤其是谐音部分,颇多机关算尽讨人一笑的诘诎。"未必会"跟"魏碧慧"是一个人,又不是一个人,而当"脑洞派"将其定义为一人千面、心机莫测的一则寓言后,"魏碧慧"也未必不是繁复人性的一个代码……不过,如是种种,艰涩聱牙,未必会有人买账。

115

网友忆痕是广州白云国际机场安检员,在知乎回答"你亲自闻过的最难闻的气味是什么"时,上来先讲故事……真没想到,"机场安检"会跟"味道"正面交锋:

"安检一位国外热带区域的过境者,那位乘客是中转联程,那时正好是广州最热的时候,他穿着七条裤子,两件羽绒棉服,里面还有几件外套什么的,因为国际航班随身行李携带有限额,穿在身上就不算随身行李(也只有他们能想出这样的办法,为了把我们的衣服拿去他们那边卖吧)。这种时候我们会让他把衣服裤子一件一件地脱下来,然后我就看到了这辈子都无法忘记的画面,那位旅客脱到第三件衣服,是一件外套。他把那件衣服甩了几下,那件衣服上的汗水,就像洗澡的花洒喷了出来,我都看呆了……他靠近我准备人身检查,我就感觉胃里有东西要喷出来,由于我的职业素养,我还是忍住了。你们无法想象他们的体味有多重,第二天我就查出了急性咽炎,看病的费用还是公司给报销的,之后我就去普通通道了,可能他们认为我不适合在那里干吧。"

这段记叙的特别处是,讲述者在"最难闻的味道"(形容性短句)跟"急性咽炎"(名词性术语)间画了个醒目的等号……别的,自己想吧。

用文字(视觉)写味道(嗅觉),跟用文字(视觉)写声音(听觉)一样,殊不易。念书时,老师喜欢"大珠小珠落玉盘"那类典雅样本,而如"急性咽炎"这类烟火缭绕的实在闻所未闻。2012年,吴菲在微博上描述上海、北京两地出租车体验,说"总体来说,上海的士司机素质比较高,举止得体,不吹牛逼,不宰客,最重要的是,车厢里没有'被窝味儿'。"……这个"被窝味儿"令人捧腹,它将生僻词"腌臜"俗化得神妙无比,它跟押沙龙2012年写的一篇读后感意远神近:"有一阵,'陕军'作家的书很火,《废都》《白鹿原》《最后一个匈奴》,我读了都不喜欢,那种感觉就像逛故宫,总觉得有一种棺材味,文字里似乎有一种沉醉于腐坏的气息。"

"棺材味"仨字儿,是体验,也是评价——体验有点酸,评价非常爽。

116

作者维一擅长讲故事,《我在故宫看大门》里说到当年故宫配用德国"警犬"的事儿。"犬"跟"狗"字是同义词,可二者好像很难互换,把"警犬"说成"警狗",把"看家狗"说成"看家犬",表意尚好,语感别扭。

搭配习惯常常左右一切,哪怕语义重合百分百,跟搭配惯性拧着来,就尴尬。从单身狗到文案狗,从路怒狗到广告狗,从独驾狗到搬砖狗,从路痴狗到双标狗,从头条狗到高考狗,这些词组里的"狗"大概都难代之以"犬"。把"艺考狗""程序狗"换成"艺考犬""程序犬",小玩笑变大冒犯。

有个段子说,语文老师让同学们举例说明同义词,小明发言一语惊人:"真"和"假"是同义词——他举例说,那天他爸捡了100块钱,回家就嚷嚷:赶紧看看是不是真的?小明妈也嚷嚷:赶紧看看是不是假的?小明说,你看,爸说的"真"和妈说的"假",就是一回事儿。

小明当然是狡辩,他的例子,混淆了语文理论跟语言生活间的区隔,简化了语言生活的复杂。在语言生活中,绝对意义上的同义词毕竟不多……而有些"真"确实就是"假",反之亦然。语言学研究来自语言生活,可在复杂性上,生活常让理论相形见绌。

117

《摔跤吧！爸爸》内地、香港、台湾三地三译：内地译为"摔跤吧！爸爸"，裹着些许日本少年漫画的励志气，很燃很热血；港译"打死不离三父女"，那个"打"字一语双关，暗藏谐趣；台译用第一人称，翻成"我和我的冠军女儿"，通俗亲切。都是中文，市场不同，观众不同，译名各有取舍。

《绿皮书》一片也是三地各译各：内地直译原文（Green Book），简朴直接；港译《绿薄旅友》，用普通话念，拗口咬舌，略显神秘；台译《幸福绿皮书》，一碗鸡汤端上来。

一部电影的片名翻译，跟传播相关，跟文化习惯、接受语境相关，最终选择看机缘，看认知。晨钟暮鼓，日常细末，如此种种，看不见，摸不着，说不清。

118

"喜提体"曾是2019年的热闹,在一窝蜂地戏仿中,"提"及之物基本失控。月"提"10万美金、半年"提"玛莎拉蒂之类的想象已属贫乏(吹牛谁不会?),就连95后美女都变为喜"提"标的(49岁音乐人征婚喜提95后女友)。还别说,找"女友"这事儿,"提"字还真妥帖,"提亲"的"提"也是"提"啊。

"喜提体"最早出自某微商在朋友圈的一句嘟囔(喜提爱车),造句狂欢将其推至热词榜,这类戏仿是益智游戏,是平民狂欢,成本低,欢乐多。它们甚至会缓慢进阶,局部更新,或跟随,或反水,以原句为由,拿来就用。一盏醇醪消块垒,半瓯清茗忘烦忧。

在平民喜乐如"喜提煎饼果子""喜提 KFC 香草拿铁一份"外,"恭喜贵司喜提洗地大军""恭喜王部长喜提多米尼加"之类,已超乎想象。它将嚣张浮夸的社会生活约减入句,是警策,是沮丧,是愤然……百"提"并置,完成了对于当下情境、语境乃至处境的解构式刻录。

只要吃,我欢喜"毛细",端上来赶紧吃,撂久成坨,嚼劲全无。听一朋友说,第一次吃兰州拉面,不明就里,上来点了碗"二柱子",噎得直淌眼泪。

"兰州拉面"名头响亮,妇孺皆知,可兰州本地食客,不说什么"兰州拉面",在他们嘴里,"兰州拉面"即"牛肉面",更简省的叫"牛大";同样,"山西刀削面""北京炸酱面"之类,尽为非驻地人士的以讹传讹……重庆人哪会说"走起,吃碗重庆小面去"?

"兰州拉面"鱼龙混杂,真假难辨,唯一近似的,是它们大都定位于"大众快餐"。所以,诸如"二细""三细""毛细"之类,多被约简为"细滴";"韭叶""薄宽""大宽""二棍子"之类,多被约简为"粗滴"……对果腹族而言,时间紧,肚子饿,简单方便就好。

120

"社交牛×症"是对"社交达人"概念的浮世绘式白描,它以粗鄙勾兑术语,混搭、仿造出一个类医学术语,其间杂糅了赞美、哂笑、艳羡、叹服乃至仰慕、膜拜等丰富情绪。

对大部分社交小白而言,"社交牛×症"这类不加鸡腿也加戏的"社交狷狂者",堪称人生楷模——他们不仅可以帮助社恐、社懒们在诸如灵魂社交、垂直社交、渣男式社交、气球式社交、日抛式社交等都市生活中抵挡社交癌、社交工具化乃至社交冷漠症、社交圣母症,还能让诸如种子社交、佛系社交、摸鱼式社交等各类社交模式虽时空伴随,却相安无事。"社交牛×症"是百姓之神,吃五谷杂粮,如大仙赶路,举步生风。

121

汉语研究与实际语用各有侧重,语用重用,理论重理,二者相互照应、各有所长。语言使用者可以不了解"汉语量词系统设立背后的数学规律",这并不妨碍他凭生活经验做判断。

"小波藏在一块麦地里"和"小波藏在一片麦地里",这两个句子里的量词使用都合格(宗守云,《汉语量词的认知研究》),但要把量词用得更讲究,就需知晓"一片"(麦地)与"一块"(麦地)的微妙之别——"块"小"片"大。

更微妙的,还包括量词使用的性格与偏好。一位网友说:"谁能想到,雾水的量词竟然是头?迷茫的量词竟然是脸?平川的量词竟然是马?债的量词竟然是屁股?"

这段慨叹让人既慨叹,又惊奇:汉语的量词原来这般有"头"有"脸"。

122

从"高人竟在我身边"(2020),到"小丑竟在我身边"(2020)再到"小丑竟是我自己"(2021),"小丑"就是"我"这个流行短语是语文接力的收获,是认知进化的结果……这番主语的纠偏、纠错或修正,是从生活到生存的降维,是从心冷到心凉的彻悟。此彻悟过程如小丑的心跳曲线——畏首畏尾,瞻前顾后,行止尴尬,内心惶惑,是含泪的笑,是舔狗的累,虽极尽卑微,却向死而生。

123

谐音梗越来越火,原因之一,是其理解阻力不大不小刚刚好。阻力过大,接受者丈二,直接就弃了。房贷、车贷、爹娘、公婆,都忙死了,谁有功夫在字词句篇上逗咳嗽?阻力过小,一望而知,解密的诱惑不大,也会了无生趣。"人生短短急个球啊,不睡不罢休"——这种源自流行文化的谐音梗的营养只是博君一笑,对那些一路狂奔几近窒息的打工人而言,"笑一笑,补个好觉",已是慰藉。

当然,谐音梗也算是一种智力"凡学"——那种双语谐音梗,尤其如此:从 sun 心病狂、more 明奇妙、star 皆空、book 思议,再到鱼香 rose、宫 bob 鸡丁、黄焖 jimmy 饭、皮蛋 solo 粥……"双语谐音"的内核是跨文化。能兼顾音义且暗埋巧思的谐音梗编撰者、使用者,睿智聪慧,风趣机智。双语合璧,互文谐音,搅拌出的多是创意麻辣烫——当"无可奉告"衍生为"无可 phone 告",沉默中的怒号撕心裂肺,震天动地。

当然,更多时候,双语谐音是娱乐,是游戏:"Jolin 壁合"裹挟着"私货"(蔡依林粉丝镶嵌偶像英文名),可不论男女老少,身为"骑士"(蔡依林粉丝统称),一定乐观其成;"tony 带水"当然不是揶揄发廊技师,可万一真有一位小哥磨磨唧唧不利索,也会莞尔一笑,一笑了之。当偶有中文英文音意两合的状况发生,也会让双语谐音梗顿生混搭之魅。当然,对漫威所知甚少者如我,在理解"巴基·巴恩斯贝"中文名为何被写成"傻了 Bucky"(傻了吧唧)时,会有点勉强。

124

南明抗清将领吴易是吴江人,吴江算今天的苏州。循刻板印象推测,当地应多柔若无骨之人?当然不是!"伍胥耻,荆城雪;申胥恨,秦庭咽。羞比肩种蠡,一时人杰。花月烟横西子黛,鱼龙沫歕鸱夷血。到而今,薪胆向谁论,冲冠发。"吴易笔下的这首"满江红",澎湃激昂,热血沸腾,让各种刻板推论不攻自破。下阕里的"薪胆"是"卧薪尝胆"的压缩式表述(《汉语典故词典》,388页)。在吴易压四成二的精简里,悲愤饱满灌注。相比而言,今人所谓"侵删"(若有侵权,立刻删除)之类,简化生硬,鸡贼腔,苟且貌。

回答波罗的质询,女佣露易斯说:"假如我睡不着觉,假如我还在甲板上,也许我会看见那个凶手进出道尔太太的客舱。"讲解虚拟语气,电影《尼罗河上的惨案》中的这段台词常被提起。它确实经典,因为露易丝之"虚","拟"得表里兼顾,寓意深潜。幸亏波罗顺着"假如"剥茧抽丝,一路深挖,故事反转,真相水落石出。

日常生活中的"虚拟语气"在在皆是,只是不像"尼罗河"那么浮夸,标志词"假如"也并不每次都出场。朋友圈"假装在荷兰""假装在河南"之类的"图注"热闹一时,那个"假装"就是虚拟语态的实际语用格式。当然,它不是"虚拟语气"的虚拟,而是"陈述语气"的虚拟,是一种平民格式的放飞意淫或自由幻觉,一种源自著名虚拟人物阿Q政治遗产的自我安慰。

126

网络热词"拿来吧你"的意思是理直气壮、义正词严地拿别人的东西,自带戏谑口吻,有一种"熟人不讲理挚友不言谢"的爽利。其热络与寡廉鲜耻距离很近,自带豪爽气,多用于挚爱亲朋、闺蜜友好、发小死党、爱豆粉丝等亲密关系语境。它不拿自己当外人的粗暴乃至得意扬扬,意外反衬出惯常那种被包裹得严丝合缝的社交礼仪,确实彬彬有礼,也确实真诚欠奉、伪饰有加。

127

"隐讳符"(隐讳号)很少有人留意,可一旦写进文章,具象为字里行间的叉叉叉(听觉),大家就都晓得了。写下来,印出来(视觉),更直观——在"×××"这种似乎不含任何信息的符号代码里,藏着更深的意味与更多的信息。

"隐讳符"是标点符号的一种,用来代替统括性词语不便明说、无须明说的部分。行文中,依表意之需,隐讳几个字,就画几个叉。

贾平凹的长篇小说《废都》首版于1993年,初版里的隐讳符没选"×",而用了"口"。"口"不是标准隐讳符,可在《废都》里,作用跟隐讳符差不多。十六年后,已荣获多种国际大奖的《废都》局部解禁,再度出版,"隐讳符"改成了括号,括号内写"此处有删节"。虽然啰唆了,可其隐讳效果反而更醒目。

年轻朋友也许不清楚,当年《废都》初版问世,那真是一件轰动全世界的文化事件,及至出版日文版,更是洛阳纸贵,粉丝四起。不少日本"废迷"专程飞抵西安,对小说中展现的风土人情逐一比对、考证——"大到楼宇亭榭,小到一草一木,都不放过"。

两版相比,93版《废都》选用的隐讳符比09版似更神秘。"□□□"这种故弄玄虚的空白,容易诱发想象、推测乃至填空强迫症;而括号加标"此处有删节",则挤干了推测和联想的空间——前者如"考古原件",后者如"谢客留言"。

在标点符号既有体系里,"□"的官名儿叫"虚缺号",多用于替代原文缺失的字句,缺几个字,就用几个"□"替代。"在这里的墓葬中还发现了'单于天降''四夷□服''单于和亲''千秋万岁''长乐未央'等文字的瓦当残片。"这段墓葬发掘报告里的"□",就是"虚缺号"。

显然,93版《废都》里用到虚缺号,并非"原字缺失",而是出于各种各样的原因,孟浪奔腾原字的自我囚禁。也许某天,那些自囚的字儿们又会出来走两步?

128

世界杯赛事的热闹,还包括伪球迷激增、亚文化争论等内容。2018年,ACG圈"肥宅快乐"突破圈层,快速流行。最早,"肥宅"是对沉迷动漫、游戏、小说的身形肥胖人群的形容,较负面,可随着二次元文化与网络传播的融合、渗透,"肥宅"自贬而褒——我肥宅,我快乐。

肥宅文化由此衍生出一系列伴生词、表情包、商业招幌:从肥宅快乐水(可乐)到肥宅快乐机(游戏机),从肥宅快乐网(B站)到肥宅快乐酒(柠檬水)、肥宅快乐饼(比萨)……创意跌出,铺天盖地。

有一个调查说,2014至2017年,"二次元标签不再是'非主流"和'边缘化',取而代之的是'青年化'和'巨大的消费潜力'……逆袭、洗白后,肥宅人设褒贬反转,'隐身宅'变身'炫耀宅'"。

媒体把"肥宅文化元年"的标签赠予2018:"肥宅单纯无害,知足常乐,慵懒避世,佛也不屑佛,丧又懒得丧,不过是在吃喝日常里建立一些细微的、唾手可得的快乐,不至于被人生遥不可及的理想和巨大的虚无感拖垮。"

肥宅并未持续增肥、自暴自弃,不过是加班熬夜后独自躺倒、瘫尸回血。对肥宅而言,这种不定期开启的"肥宅形态"是自我安抚、自我奖励,算是一种低成本解压。

《说文·宀部》有关"宅"的释义说:宅,所托也,本义为住处,引申义有墓穴、居住等。相比日本原生的"御(肥)宅文化",汉化后,"肥宅"概念渐趋抽象,变得更像一种自导自演的"肥宅秀"。那些自嘲肥宅的家伙在挥汗撸铁、减脂、增肌之余,还顺手在社交媒体给自己加场戏,扮个"诚信肥宅""精神肥宅",卖个萌,圈个粉。

129

开学季,社交媒体上的高频词换成了"神兽归笼",而在结业季,高频词会自动更换成"神兽出笼"。"归笼"兴高采烈,"出笼"哀鸿遍野,尤其"归笼",家长"群"高度共情——"神兽归笼日,我将释重时"……在论的。

亲密关系久处生厌的复杂性不便讨论,"无法独处"或"独处不足"的复杂性不便讨论,房价虚高与月供辛劳的复杂性不便讨论,住房面积逼仄与原生家庭失和更不便讨论……能说的,只剩下"七岁八岁狗都嫌"的老话——吐槽自家娃,爸妈不嘴软。

随时上演的社交表演放大了这类集体吐槽。相对亲子关系的倦怠、疲劳,这种包括校方、班级、教师、爸妈在内的共情式狂欢虽于事无补,却可完成情绪宣泄。"神兽出笼,各回各家;各气各妈,注意血压"——这则"神兽出笼告知书"文案,有体验,有真情。

130

谷口治郎的《散步去》,主旨即"散步"。尽管漫步、溜达、遛弯儿、信步、闲步、压马路、逛田坝等变称都是"散步"的同义词,可在细微处,其语义倾向仍各有指向和区隔——"散步"更随意、更自在,散步更无追求、无目的。其实,没目的才是散步的目的吧?

散步不是赶路,不是奔命,不是刷脸打卡还房贷。散步是独处,是融入,是跟周围的街道、天空、花朵相遇。虽依旧是独处,可散步的独处,其实不是一个人。散步的一个人,其实是很多人,和很多个自己在一起——50 岁的你和 18 岁的你在一起,散步。

《散步去》有一节写中年大叔雨天散步。这一节的文字,惜墨如金,却特别集合数十个象声词,有"嚓",有"吧嗒",有"沙沙",有"刷拉""轰隆""滴答""哗啦啦"……这些象声词就像画外音,让那场虚无断续、时大时小的雨,下出了声色。

那次散步散得格外湿润,《散步去》的故事也始终柔软。原本百无聊赖的散步,像被拽进"蝉噪林愈静,鸟鸣山更幽"的情境,寂然又沸腾。书中给无聊配音的,是"滴答",为孤独拟音的,是"沙沙"。大叔在喧哗里独处,放空演化为一场内心戏。

社交活动里的创意组合词性价比高,两个熟(旧)词相加,合二为一,拼出个新词,表达出新意,如"微信巨匠""网络殖民""文化休克"等,都是。这类"创意组合"造词简便,能更精准地记录日新月异的日常。

生活中,"社恐症"越来越多,可当它们被创意组合词记录为"朋友圈困难户"后,其尴尬的新状态、新细节方才获得一种全新刻画与全新表述。相比而言,"社恐"二字,空泛粗糙了些。

2016年5月25日凌晨,杨绛女士病逝于北京协和医院,享年105岁。学者、翻译家之外,杨绛还因《干校六记》《钱锺书与围城》《我们仨》等作品成为畅销书作家,她的去世引发广泛关注,创意组合词"朋友圈国葬"由此而来。

这当然不算专属定制,可"朋友圈国葬"这个创意组合词,记录下社交媒体时代传播、评价的新样貌。庙堂语文俨然悠然,民间语文悄然静然,而所谓"国葬"之喻,虽夸张,却破解了"刷屏"之类熟词的空泛。在"圈"与"国"的词意落差里,民心怦然,民情跃然。

"腹黑"跟"毒舌"在语义上有局部交叉,"腹黑"暗,"毒舌"明,"腹黑"偏内,"毒舌"偏外。其近义词群有吐槽、翻白眼、怨念、撕怼等,或褒或贬,各有侧重,要看语境。

那年,讨论"跟没常识的人聊天是一种怎样的体验",知友卜生给出了两个句子:A"这个世界上比憋尿更难受的是憋住不翻白眼"(2013);B"跟他聊天时我脑内的弹幕已厚到看不见人了"。

A句中,"憋尿"与"翻白眼"之间的通感式类比营造出无法阻挡的"翻"和史无前例的"白";B句的"脑内弹幕"将熟词"腹黑""吐槽""毒舌"翻新为一种视觉,创造出一种融视听嗅触为一体的语言景观。

比憋尿更促急的,是"眼白"夺眶飞翔;比弹幕四射更奇葩的,是那无限悲壮的海量吐槽。

133

"颜值即正义"成为普遍共识,"长得好看"即天赐良机。流行文化讲求"卡 C 位",颜值高则自带 C 位:资本扑上来,名利涌上来,恋爱、牢狱之灾也扑面而来……卡!

"颜值即正义"催生了大量近义新词,这当然是在回应共(piān)识(jiàn),可它也为"语文美容"挖出更多新坑,让诸如处女脸、面瘫脸、死人脸、鲶鱼脸、网红脸之类,成为社交词典里的高频词。

可"语文美容"哪儿抵得过岁月杀猪的凌厉,没几年,热词"美容脸"已换为过街老鼠般的"网红脸"。"美容脸"好歹还是中性,虽略含腹黑气,可总算给面儿,没直说。放现在,就算小声嘀咕一句"网红脸",听上去都接近于破口大骂。

在与"颜值"相关的众多形容词里,跟爹妈DNA没啥关系(或关系不大)的不多,"厌世颜"算一个。这个词无须多解释,再怎么解释,还是得猜。在语文美容庞大的近义词词群里,它神秘,高冷,好辨认,且过目难忘。

"她妩媚端正的圆脸,有两个浅酒窝。天生着一般女人要花钱费时、调脂和粉来仿造的好脸色,新鲜得使人见了忘掉口渴而又觉嘴馋,仿佛是好水果。她眼睛并不顶大,可是灵活温柔,反衬得许多女人的大眼睛只像政治家讲的大话,大而无当。"

上面这段,是《围城》里唐晓芙的出场描述。从情感笔触上看,作者挚爱唐姑娘,舍不得她嫁给方鸿渐;从人物描写上看,作者怜爱唐姑娘,舍不得在她身上添加烂俗之词——那句"政治家的大话"的比喻,突围以具象喻抽象的套路,用抽象喻具象,跟"厌世颜"的反套路命名如出一辙。

相对于维基百科对"厌世"的定义(一种对人类本性仇恨、不信任或不屑的感情),"现汉"的定义(悲观消极,厌弃人生)温和了许多,可悍然以"厌世"比拟一张脸,仍多隔膜。依我看,"厌世颜"之所谓"厌世",更接近于"厌倦"。

它更多源自主观经验的回响或投射吧?它更多仰仗主观经

历的复刻或回填吧？它更出自蹩脚的自我戏剧化或天生的杠精体质吧？它更多来源于自我生活的枝枝蔓蔓或支离破碎吧？……它的丰富很神异,它的神异很主观。

所谓"丰富",就是一言难尽;所谓"主观",就是各说各话。网上有个描述说,所谓"厌世颜"一般是指女孩儿虽然年纪不大,可其长相神态却仿佛已看透了整个世界和人生。这个说法太过想当然,事实上,一张脸上的神色、神情、神韵,哪儿有什么标准答案呢？

那些被激赏或被鄙视的"厌世颜",在有些人眼里不过是一张

"面瘫脸";而那些被收纳到佛系、鲶鱼系的"高级脸""出世颜",在有些人眼里也不过"长得不好看,又不好意思直说"……比喻依旧跛脚,只是这一回"跛"得少许别致。

134

"崇洋媚外"的贬性语义毒性甚广,这类偏见身后拖着黏稠的历史暗影——是"洋白菜",是"洋娃娃",是"洋嗓子",嗯,还有"洋务派"。

在这个庞大的洋字辈词群里,原本简单的"洋"字,变得暧昧斑斓起来:媚气是有的,叹气是有的,傲气娇气也是有的,嗯,还有不服气。

审美也随时代而变,"洋嗓子"后来被叫成"欧美唱法","洋务派"也被美称为"哈韩""亲美""日系",而"洋橄榄"则在养生大师"液体黄金""植物油皇后""地中海甘露"之类的忽悠下,开启直呼其名——橄榄油。

这种词类属性自贬而褒的变迁令人欣慰,是坦白,是择善。话说纽约市民 Tom 一家除夕夜一高兴去曼哈顿王子街 177 号"Pinch Chinese"中餐馆吃了顿饺子,三里屯的王小姐也跟男友相约过了个简单温暖的情人节,很平民,不政治。

135

网络熟词"妖艳贱货"应该是多次叠加的结果,它跟《礼记》《西游记》《林家铺子》《创业史》等文本里用到的"贱货"一词相比,多出了"妖"和"艳",可不管"贱货"还是"妖艳贱货",所谓"货"指的都是"人",而不是"便宜货""地摊货"乃至"淘宝同款"。

"妖艳贱货"据说出自微博达人"谷阿莫"的一则影评,针对影视作品里越来越多的"白莲花"(纯洁善良、无害无辜的女主),谷阿莫感慨丛生:"天哪,这个女生真的好单纯好不做作,跟外面那些妖艳贱货好不一样。"这毒舌先扬后抑,"白莲花"的呆滞被"妖艳贱货"映衬得愈发清白。

"妖艳贱货"或许会对语文小白和汉语初学者造成不少困惑,至少增加些许理解的难度。面对"妖艳贱货"这种复音词,也许会有面对"东四十条"时的近似懵懂——是"妖艳/贱货",还是"妖艳贱/货"?

研究者发现,汉语发展演变本身就是词汇不断增量的历史,其中从单音词变身为复音词,即增量原因之一。秦汉前,汉语里只有少量的复音词,到了唐代,复音词已蔚为大观,发展至近古,汉语开始以复音词为主,到了现代汉语,复音词的数量已远超单音词(陈海东,《汉语史话》,58—59页)……除丰富表述外,复音词还让现代汉语更富节奏感。

如此,由三个单音词叠加成的这位"妖艳贱货",瑰奇之外,也是个有趣的样本词。在旺盛、强烈的表意需求面前,音韵节奏的惯性退居其次——相对于表意,相对于那种不可遏制的对于"贱货"们的鄙夷、厌恶,节奏、韵律之美,可先忽略。

136

林萃桥站上来一对父子,就站我跟前儿。抱娃的爹三十郎当,娃两岁往上,为了赶车,跑得有点急,站定好久,还在气喘吁吁。我赶紧起身,让出位子,父子俩还没坐稳,娃的"礼貌"已脱口而出:"谢谢老爷爷!"话音未落,只见那爹咬着后槽牙耳语:"别'老'啊!"娃心领神会:"谢谢爷爷!"……不去,那个"老"字并不突兀;一去,那个忽然空出来的留痕,反倒特别扎眼。

无比较,无伤害;无形容,无伤害。

把"野餐"说成"野个餐",意思没变,可语感立马活脱欢腾起来。崔健《一块红布》歌词里,有一句"强和烈"(我感觉你不是铁/却像铁一样强和烈),口语得比"野个餐"还远,可在原词语境里,理解无碍,还凑韵。

现汉里的释义说,"餐",动名词,既可指吃(饭),也可指饭(一日三餐)。在贵州方言里,"餐"还能用作量词(如打一餐、骂一餐),这跟普通话的"顿"(打一顿、骂一顿)暗通款曲。"我得好好睡它一餐饱觉"显然比"我要好好睡一觉"更文学,放在"睡"字后面,"餐"和"饱"已成隐喻。

爆米花、豆腐脑都曾遭遇甜咸之争,这种争论并无结果。这个"无结果",我喜欢,因为它至少方便我用来敷衍自己有关学问的恁多无知……有时候,命运不给明示,你自己心里还没点数吗?

138

"入殓文"是指在名人去世后较早时间刊发的纪念、道别文字,这个自造词或许参照过日本电影《入殓师》。"师"变"文"后,"职业"变"职业作品"。当然,社交媒体上的所谓"道别",意味纷繁,戏精遍野,吸睛任重,吃瓜群众没空区分虚情假意与真心实意,职场中人抱怨不迭——以快取胜的"入殓文"越写越难。

"云上坟"概念随之趋热。"入殓文"选的是作者视角,"云上坟"用的是传播维度。而另一近义词"互联网入殓师"则以对技术职称评价套话的戏仿,将"入殓"镜头转向生者:"通过技术手段收集突然被封的社交媒体账号的残骸,将内容存入网络殡仪馆供后人察看;同时也包括打捞性保护在现实中死亡的使用者残存在社交网站上的账号不被变成营销号。"这番虚拟描述想象诡谲,令人警醒:那些不了了之或被不了了之的数字遗产也许是最好的遗产,难道不该有人为它们播个哀乐送个花圈?

"当你作为个体参与到文化生活里,能否不要把文化仅作为一件漂亮衣裳。因为你的选择也是历史的一部分,它关乎后人如何记忆,如何遗忘。"面对朋友圈此起彼伏的悼亡消费,张知依的这段提醒切中肯綮。

139

抖音刷屏的"握拳看掌纹"是个玩笑,可还是有人当真,乐此不疲地握着拳头猜:掌纹看上去像个"上"字,惨!上班族!披星戴月,永远加班,甚至是"996+ICU"格式的加班狗;掌纹看上去像个"土",啊!那莫非暗示自己是个"壕"?家财万贯?一生富有?近似的掌纹暗示还有"火""大""山"等,一概牵强附会,漏洞百出。

这种由暗示生成联想、由联想生成认同的心理特征即所谓"巴纳姆效应"——一种一厢情愿式的"主观验证"心态。渴富已久,看见"土"就想到"豪",就想到"壕";想红若渴,看见"火"就想到"红"……看似触类旁通,实则异想天开。

140

把"高五""深六""保八"几个词像洗扑克那样排列完毕,"五""六""八"自低而高,秩序井然,可它们的内在逻辑各是各。

"高五"出自美式足球赛,是指得球队友五指伸开,相击庆贺;"深六"出自水门事件,"意思是把东西抛丢六英寻深的海底,以图灭迹"(乔志高,《听其言也》,69页);"保八"是1998年中国时闻热词,意为"确保国民经济增长百分之八"。

时光荏苒,如今"深六""保八"使用频次大幅降低,唯"高五"仍属语文常客——兴高采烈时刻,击掌言庆的那肢体语文深入人心。

英国范纳教授到哥大讲学,"某研究生致欢迎词,少不了提到这位英国学者的权威著作(两大册,三四斤重),他说,'相信在座的同学都曾把这部书从封面读到封底——不,我应该说从两个封面读到两个封底'……这位礼貌性寒暄的致辞者没想到,后来伦敦麦图恩出版公司把这部书再版合为一册,他的俏皮话无形中也就失效了"(《听其言也》,102页)。

正如"婚姻外遇期""蛋挞保质期"一样,语境也有有效期,时间一过,原有修辞效果便已无效。

141

2018年底,"六学群嘲"那事儿闹得沸沸扬扬,可转过一年,翻篇儿了。沃霍尔有言在先,每人都有出名15分钟的权利。当然,这预言如今已被万能的抖音改写:15分钟太长,能出名15秒,已属幸运。

最终,会在时间轴上留点蛛丝马迹的,或许是一个字或一个词。就说"六学",事儿是翻篇儿了,可"章口就莱"这个新成语,反倒更流行了——它像根倒刺儿,回忆里总会膈应一下;它也像下划线,轻轻一滑,"六学"乃至"群嘲"的一幕幕重新回来。

祖辈贤达也有借语词"安身立命"的传统,不过,比之管鲍之交、后羿射日、荆轲刺秦、精卫填海、夸父追日、毛遂自荐、塞翁失马之类的美谈,范爷的"冰释前嫌"太抓马,明星的"璐出贾笑""做个头发"太儿戏。

不过,从"正龙拍虎"(2007)到"秋雨含泪""欧阳挖坑""兆山羡鬼"(2008),从"唐骏读博"(2010)到"庆东排比"(2011)"蔡洋困境"(2012)"马云狩猎"(2014)"强东断奶"(2015),虽然非羞即辱,可这些语文指纹刻录下的,正是现世一袭华袍里的恁多虱子。都是标本——语文标本。

142

老外上汉语课,第一堂老师才教一个单词(woman)的汉译,下课招致一些学生申请退课:刚学个"女人",同义词就有38种之多,中文太难了。

上面这段子每遇三八节,常被翻出应景,在社交平台"小规模荡气回肠"——妻子、老婆、太太、夫人、老伴儿、爱人、内人、媳妇、那口子、拙荆、贤内助、孩儿他妈、婆娘、糟糠……应景凑出38种同义词的想法也很三八——"女人"的同义词远不止这些。

它跟社会角色多寡相关:"妻子"和"老婆"是书面语口语区别,"太太"和"夫人"是文化变迁投影,"女当家"跟"孩儿他妈"则属角色区隔……语境有别,"女人"扮演的社会角色随之而变。

它跟文化变迁相关:从"婆娘"到"领导",从"贱内"到"财政部长",称谓之变背后暗藏着从农耕经济、宗法家庭向现代社会的变迁轨迹,或浅或深,或急或缓。

它跟文化细节丰富相关:古汉语里,叙写男性胡须的词,有髯、髭、叒,有䰄、髶、胡——位置改变,胡须的名称随之改变。蒙文也有相似的情形,据说仅马蹄蹄冠上部白色毛纹的专用词就有十多个……可见语词亡轶的原因之一,即传统文化的日渐式微。

称谓语有敬称与谦称(贱称)两类,社交语境里,用敬称还是谦称,跟角色限定、文化习俗有关,像"屋里的"这种包含性别歧视的蔑称,现已很少使用,男女平等至少在大城市已是常识。

北京地铁西单站有10个出口,上海地铁徐家汇站有19个出口,南京地铁新街口站有24个出口,东京地铁新宿站有200多个出口……同义词就像同一地铁站的不同出口,出口越多,抵达精度(语义精度)越高。

143

2017年布克奖颁给了美国作家乔治·桑德斯的小说《林肯在中阴界》(台译《林肯在中阴》)。研究者康慨分析说,布克奖近年格外青睐实验小说,2016年的获奖作品《二五仔》(保罗·贝蒂)就很先锋,小说中"充斥着大量脏话和政治敏感词……美国国骂在书中出现了233次,'黑鬼'出现了194次"。用脏话、詈语词频诊断一部文学作品的气质乃至优劣,这把尺子很特别。不过,就算被文学加持,文学作品中的脏话詈语和语言生活中的粗言浪语仍不可同日而语——文学粗话雕刻人性,生活爆粗宣泄情绪,两回事儿。

144

本以为"学渣""学霸"相对而出,这组校园文化高频熟词也就到头了,谁想没几天,又冒出个同"系"新词:学婊。

"学婊"大致算是"学霸"的衍生词,指那种精通凡学的"学霸":考试前,他们以无所事事遮蔽废寝忘食;考试后,他们以忧心忡忡遮挡得意扬扬。千万别信他们嘴里"完了""挂了""考砸了""破功了"之类的哀号,一俟榜单公布,他们的分数一准儿名列前茅……从心理学角度看,这是一种"防御性焦虑"——正如顺口溜所谓:"渣之将挂,其言也霸;霸之将考,其言也婊。霸兮婊兮,犹可说也;渣兮挂兮,不可说也。"

145

"你好像有那个大病"算常用短句"你有病吧"的进阶吐槽版,出圈儿后成为网络流行语,成为互黑、互损、自黑、自嘲、调侃、调笑百搭句。句中"那个"所指,须由具体语境彰显互文,方成妙趣。此语不仅致敬骨灰版口头禅"神经病"(表达惊讶、厌恶、不可理喻的情绪),还将"什么情况""太奇葩了""你有病吧"等常见口头禅升级,让俗语所谓"不可理喻"之说更形象,更大众。

146

2013年自主招生复试以及保送生面试题在北大官网发布,引发讨论。面试题共40道,有医疗(如何看待"滥用抗生素"),有时政(如何看待公务用款"钱要花在刀刃上"),有教育,有道德,有诚信,甚至有养生(如何看待"千年的王八万年的龟")。面面俱到,很社会。

出题者考量周全,养生那题附加描述说:"人们常说生命在于运动,可民间又有'千年的王八万年的龟'的说法。你对此有何见解?"没想,进入传播链条,本来周到的语境阐述、语义限定,一样被粗暴约简,标题党无孔不入:"搞不懂乌龟王八你难进北大"……北大要干嘛?

当年,《南京日报》曾刊出 2013 高校自主招生试卷中的多组"神题":"请讲一个和美丽中国相关的神话"(东南大学);"面包和馒头打擂,谁会赢?"(华南理工大学);"《西游记》有多少个妖怪"(复旦大学)……这些"神题"为标题党狂欢提供了绝佳素材。传播链条里对语境限定的有意无意地省略,让接受者丈二和尚摸不着头——语境缺失,万言皆乱。

当然,不少"空缺"或"省略",确为刻意;不少热热闹闹的抨击、诘问、质疑,事实上与考题妥否的关联度,远低于对自主招生公正性的猜疑。在对奇葩考题的那些哂笑里,藏着好多借钟馗打鬼的指东打西——"自主招生"真就"自主"了?

147

"知道分子"一词由王朔2001年自创。他认为,很多所谓"知识分子"溜肩担道义,软手著文章,跟平头百姓比,只不过知道的多点。

"知识混子"一词由清华博士董冰2010年杜撰。毕业后,董博士开了家小店维修电动车,博士去修电动车的"落差"变成新闻。接受采访,董博士自称"知识混子"。他认为自己虽有博士学位,却无心学术,熬年头熬个教授没啥意思,索性开小店,当混子,做自己喜欢的事儿。

"姿势分子"一词由作家和菜头2011年发明,用来描述那种精通于秀场、精明于媒体的文化人——只负责表演,不负责质疑,只奔赴秀场,不关心社会,只着眼姿势、腔调的华丽端庄,不考量责任、道义和真相。

2019年,"知识混子"定义升级:人模狗样儿,聊啥都能接上话,但话题稍一深入,立马卡壳,知识积累全靠刷微博,研究深度基本与知乎持平,生活感悟基本来自抖音和百度,看似每天都在汲取知识养分,其实就是个"知识混子"。跟董博士自嘲的"知识混子"比,这样的"混子"很常见。

从"知识分子"到"知道分子",再到"姿势分子"和"知识混子",近义词的不断细化、裂变,投射着生活认知的细化。一个词像镜子,让人更清晰地看见自己——看见自己的猥琐与尴尬。

148

熟词"自来水"新添网络新义的前提是"水军"一词确已普及,否则,将"自费水军"压缩成"自来水",很费解。不过,"自来水=自费水军",网里网气,不大众。跟居委会红袖箍们闲扯,说"最近天涯社区的自来水貌似有点黑"……这种话刘大妈多半听不出用梗或深意——"没有吧?早上漱口我瞅着还清亮着呢!"

149

"家人租赁"也叫"亲情租赁""出租家人",意思跟某宝盛行过的"租女朋友回家过年"接近,只是"租"的内容更宽——从老爸老妈,到七姑八姨、哥姐弟妹、三舅二叔、四婶小姨,任何亲戚,均可"明码标价,货到付款"。当如许"亲眷"像商品一样被嵌进"价格""运费""评价""付款方式"等制式模板开售,荒诞剧就开演了。

"出租方"提供的"女友"精通十八般武艺:可以"陪逛街",可以"陪聊天",还可以"陪吃饭""陪聚会""陪看电影"。在一则"出租"文案里,"陪看电影"后面还多了个括号,加注"鬼片双倍"。

"家人租赁"一词来自日本,其生成、流布、繁衍与生活之变有关。有人说,这类奇葩服务是"逼婚""恐婚"双重胁迫下的产物,可我觉得,它还是"滤镜化社交"带来的副作用。如果不那么爱慕社交虚荣,逢年过节非晒个全家福,就没必要"租"个假爸假妈或慈祥如贾母一样的长辈——发个俗气到家的"福"字不就完了?

我对"租赁女友""家人租赁"原本满怀偏见,可看了些深入报道,又多出些许恻隐。一则来自日本的报道说:那位单亲妈妈租个老公去学校参加闺女入学面试,是怕单亲实况加重孩子的自卑感;那位先天盲女租个男友去聚会,是想让那个假男友用明亮双眼帮自己挑个帅帅男友;而那位给孩子租个假爸爸混进家长会的妈妈,是害怕孩子亲爹的肥硕身形招致群嘲导致孩子遭遇霸凌……

可见那种二元对立的思维惯性实在糟糕——它限制了我们对词语的多维审视,让人身陷简陋、浅薄的认知框架自以为是。真切丰富的世界不像我们以为的那么简单,斑斓芜杂的人性也不是非黑即白。唯一可能的,是"滤镜化生存"大约只能买一赠一,有羸弱的虚荣,有勉强的美好,也有不被看见的心酸。

150

电梯下楼,一阿姨牵了条纯种边牧,小明年仅三岁,同乘,欢喜莫名:"阿姨,我能摸摸它吗?""叫姐姐!""阿姨,我能摸摸姐姐吗?"……阿姨无语,讪讪下梯,落寞而去。

这则笑话,云淡风轻,裹着的,是厚重之核——是成年人的虚荣,是虚荣在称谓上的投影,是称谓投影里藏着的伤感与释然——你看,阿姨那远去的落寞,分明轻快了好些。

对小明来讲,他的语文学习尚在浅白清澈期——不懂成人语文的暧昧、炫饰,不懂成人语文的躲闪、虚晃,甚而成人之间的寒暄之寒、热络之虚,他还听不太懂。

后记

开年没几天,学了个新词——"平台劳工"(platform laborer),它是外卖员、快递员、网约车司机、保洁等服务业从业者的统称。作者陈德彰说,平台劳工"工作很辛苦,整天忙碌,收入却不高,还有一些人不待见他们"。(《英语世界》2022年第1期,101页)

在语言生活中,同义词、近义词、集体名词之类,稀松平常,可就实际语用体验来讲,很多"近义"并不"近",很多"同义"也不"同"。"快递小哥"的语感偏重于年轻快递员,而"快递骑手"则可将年纪稍长的大哥大叔囫囵塞进……至于那些无视定语、直呼快递员"帅哥""小哥哥"的,则属编剧款滤镜,反生活,太仙气。

所以,"平台劳工"这种集体名词虽然煞风景,却有助于我们接近生活真实,确切感知同义词里那些微妙的同中之异。没错,"码农""程序猿""程序媛"是"同义"的,但它们又是语义大面积重合、语感小规模相悖的一组近义词——"码农"是指无性别差的"平台劳工",而"程序猿"和"程序媛"其实是指"男码农"和"女码农"。

可见,严格来讲,语言生活中有一种同义词是假性同义,更大面积存在的是本质上谬以千里的近义词——都是"社交","佛系社交"跟"灵魂社交"南辕北辙,"气球式社交"跟"日抛式社交"判若云泥,"社交逃犯"描述社恐人群内心的无奈,"社交牛杂症"记录忽而社交无能、忽而社交狂魔的选择性摇摆……见人下菜碟,"牛杂症"蛮机智。

纵观汉语生活十数年浮沉,确乎千变万化。可变之最大,一是近义词群激增,一是语义割裂加剧,尤其后者,堪称动人心魄。小至江湖语文,大至庙堂话术,莫衷一是已成语言生活标配。"小哥哥"比"小哥"多了一个"哥","小姐姐"比"小姐"多了一个"姐",或少或多,内在语义决定了一切——相貌平平,资质般般,谁肯给你添个"哥"加个"姐"?

如是,用"瞎子算卦、聋子打岔"这样的老话描述当下语言生活的常态,再合适没有——"小心地滑"难道不是"小心地滑(过去)"?"我想起来了"中的"起来",难道不是我的初中同桌"富起来"?"垃圾分类从我做起"难道不是提醒我多出门多晒太阳别总茧居死宅社懒到底?"开刀的是他父亲"难道不是医术精湛的"父亲"自己对自己下手既"开刀"又"被开刀"?

杰弗里·普勒姆说:"语言酷爱歧义,它们热烈地追求着歧义,就像小狗一样,在歧义的草地上打着滚。"这句有关语言歧义的比喻让人豁然开朗——既然它是语言生活中永远无法撇清的"密接",既然它是实际语用中永远无法甩掉的"伴随",既然它带来灾难深重的误解也制造惊喜连连的狂欢,那不妨让我们跟歧义勾肩搭背,攀亲托熟。

有人把"阳光下的泡沫"(邓紫棋《泡沫》)听成"阳光下的泡馍",有人把"寒夜里看雪飘过"(Beyond《海阔天空》)听成"含眼泪喊修瓢锅",也有人把"愛してる"(我爱你)听成"阿姨洗铁路"……而当"世界はDark"(世界很黑暗)被空耳成"世界已完蛋",忽然发现,所谓"空耳",正是歧义常态的较高级——

它是听错了,听糊了,也是想多了,想歪了。它是日文"空耳"(そらみみ)的本义——幻听,也是英文"空耳"(misheard lyrics)的衍生——听岔。而正是这种将错就错的叙事策略,让我在本书交稿时心静如水:"所谓理解,通常不过是误解的总和。"村上春树的话,帮我遮蔽内心汹涌的惶然,而只将意趣盎然那一面暴露给陈卓兄。嗯,除了责编他,本书的审读还有你们。

来,一起空耳吧。

2022年1月25日